2021—2022年中国工业和信息化发展系列蓝皮书

2021—2022年
中国原材料工业发展蓝皮书

中国电子信息产业发展研究院　**编　著**

乔　标　**主　编**

肖劲松　马　琳　**副主编**

電子工業出版社

Publishing House of Electronics Industry

北京·BEIJING

内 容 简 介

本书从综合、行业、区域、园区、企业、政策、热点、展望 8 个角度，密切跟踪了 2021 年我国原材料工业的重点、难点和热点情况，并对 2022 年的发展趋势进行了预测分析，全书遵循赛迪智库原材料工业发展蓝皮书的一贯体例，包括 8 篇 30 章内容。

本书可为政府部门、相关企业及从事相关政策制定、管理决策和咨询研究的人员提供参考，也可供高等院校相关专业师生及对原材料工业感兴趣的读者阅读。

图书在版编目（CIP）数据

2021—2022 年中国原材料工业发展蓝皮书 / 中国电子信息产业发展研究院编著；乔标主编. —北京：电子工业出版社，2022.12

（2021—2022 年中国工业和信息化发展系列蓝皮书）

ISBN 978-7-121-44570-5

Ⅰ．①2⋯　Ⅱ．①中⋯　②乔⋯　Ⅲ．①原材料工业－工业发展－研究报告－中国－2021-2022　Ⅳ．①F426.1

中国版本图书馆 CIP 数据核字（2022）第 220015 号

责任编辑：许存权　文字编辑：康　霞
印　　刷：北京虎彩文化传播有限公司
装　　订：北京虎彩文化传播有限公司
出版发行：电子工业出版社
　　　　　北京市海淀区万寿路 173 信箱　　邮编：100036
开　　本：720×1 000　1/16　印张：13.25　字数：296.8 千字　彩插：1
版　　次：2022 年 12 月第 1 版
印　　次：2023 年 5 月第 2 次印刷
定　　价：218.00 元

凡所购买电子工业出版社图书有缺损问题，请向购买书店调换。若书店售缺，请与本社发行部联系，联系及邮购电话：（010）88254888，88258888。

质量投诉请发邮件至 zlts@phei.com.cn，盗版侵权举报请发邮件至 dbqq@phei.com.cn。

本书咨询联系方式：（010）88254484，xucq@phei.com.cn。

前 言

原材料工业是实体经济的根基，是支撑国民经济发展的基础性产业和赢得国际竞争优势的关键领域，是产业基础再造的主力军和工业绿色发展的主战场。原材料工业的发展水平和质量，直接影响和决定着国家工业化与制造业的发展水平、质量和经济安全。美国、日本、欧盟等发达国家和地区都高度重视原材料的战略保障与安全。

2021 年，原材料工业系统深入贯彻落实党中央、国务院重大决策部署，持续深化供给侧结构性改革，推动原材料工业高质量发展取得阶段成效，为保障产业链供应链稳定、维护国民经济健康发展做出了积极贡献。

（一）供给侧结构性改革工作纵深推进。国家发展改革委员会、工业和信息化部于 2021 年在全国范围内组织开展钢铁去产能"回头看"检查及粗钢产量压减工作，推动钢铁行业走质量提升之路。石化化工行业继续推进危险化学品生产企业搬迁改造工作，召开专项工作组 2021 年第一次会议，部署 2021 年专项工作组工作计划。由中国铝业集团、中国五矿集团、赣州稀土集团等组建的中国稀土集团有限公司成立，我国稀土产业集中度进一步提高，有利于加快我国稀土资源的集约化利用。

（二）技术创新步伐进一步加快。2021 年，随着原材料工业技术创新步伐的加快，一批对行业发展有重大影响的科技成果涌现。鞍钢股份公司成功轧制出厚度为 5 毫米、宽度为 3400 毫米的世界最宽 7Ni 钢薄板，标志着鞍钢超薄超宽钢板轧制技术达到世界领先水平，可以为 LNG 储罐和运输船建设提供材料支撑。上海石化 1.2 万吨/年 48 万根大丝束碳纤维项目正式开工建设，标志着我国大丝束碳纤维全部依赖进口的局面将被打破。东北轻合金有限责任公司、西南铝业集团和西北铝业集团为"神舟十三号""天舟三号""天问一号"等重大项目提供高端铝材，我国高端铝合金材料自主保障能力进一步增强。由华新水泥股份有限公司与湖南大学联合研发的世界首条利用水泥窑烟气二氧化碳制备混凝土砖生产线成功运行，该生产线突破了二氧化碳不能快速进入混凝土制品内部进行迁移和反应的技术瓶颈，首次实现了工业化大规模生产。

（三）低碳发展和智能制造取得积极成效。2021 年，继续探索原材料工业低碳发展道路，智能制造建设成效比较显著。截至 12 月底，有 21 家钢铁企业超过 1 亿吨粗钢产能全面完成超低排放改造，220 多家企业约 5.7 亿吨粗钢产能正在实施超低排放改造。中国石油和化学工业联合会牵头编制的《化工园区碳中和实施指南》正式立项，这是国内第一个工业园区"减碳"类标准。由中国有色金属工业协会和中铝集团共同发起的中国有色金属绿色低碳发展创新联合体召开第一次代表大会，旨在发挥协会和龙头企业引领作用，推动有色行业低碳绿色发展。展望 2022 年，全球经济持续复苏，国内经济稳定发展，我国原材料工业将保持平稳发展态势，生产、投资总体保持增长，出口贸易持续扩大，进口贸易存在缩减风险，主要原材料产品价格高位运行，行业经济效益持续改善。原材料工业要坚持以习近平新时代中国特色社会主义思想为指导，全面贯彻中央经济工作会议精神，认真落实全国工业和信息化工作会议要求，重点抓好以下六方面工作：

一是着力稳定工业增长。坚持稳字当头、稳中求进，扎实做好稳生产、稳供给、稳投资、稳价格，统筹处理好控产能与稳增长、出口与稳增长、产业链上下游协同发展、疫情防控与稳定运行等关系，杜绝随意停限产等"一刀切"行为，切实保证行业稳增长。

二是全力保障初级产品供给。深刻认识原材料工业企业作为重要初级产品供给者的责任和使命，加快推动资源保障体系建设、资源高质高效高值循环利用和政策科学有效落地实施，不断提高初级产品保障水平。

三是加快新材料产业创新发展。系统研究解决创新、数据、政策资源分散，材料先行落地难、创新成果转化难、加速迭代应用难，高端型、复合型、技能型人才短缺等问题，进一步完善新材料创新发展支撑体系，加快实施关键基础材料突破行动，不断优化新材料应用推广生态，加强上下游合作，强化人才培育体系建设。

四是推进绿色低碳发展。立足原材料工业能源偏煤、产业偏重、资源偏少、时间偏紧的实际，把先立后破作为推进碳达峰碳中和的方法论，把强化创新支撑作为促进碳减排的主要路径，坚定不移地实施产能总量控制计划和绿色低碳技改行动，不断完善相关政策及标准体系。

五是加速数字化转型。深刻认识原材料工业供应链数字化、设计数字化水平低等短板，支持重点行业加快数字化改造，做好顶层设计，优化标准体系，推动数字化转型向纵深拓展。

六是提高行业管理和服务水平。正确处理好政府与市场的关系，强化精准施策、规划引领、标准约束、先进示范、协同发展、宣传引导，积极营造良好发展环境。

赛迪智库材料工业研究所从综合、行业、区域、园区、企业、政策、热点、展望 8 个角度，密切跟踪了 2021 年我国原材料工业发展的重点、难点和热点，并对 2022 年发展趋势进行了预测分析。在此基础上组织编写了《2021—2022 年中国原材料工业发展蓝皮书》，全书遵循赛迪智库原材料工业发展蓝皮书的一贯体例，包括 8 篇 30 章。

综合篇。介绍 2021 年全球及中国原材料工业发展概况。

行业篇。在分别分析 2021 年石化、钢铁、有色金属、建材、稀土五大行业运行情况的基础上，结合国家战略和国内外宏观经济发展形势，对 2022 年各行业的走势进行预判，并指出行业发展中需要关注的重点问题。

区域篇。着重介绍 2021 年东部、中部、西部及东北地区的原材料工业发展状况，指出四大区域原材料工业发展的差异、特点及所存在的问题。

园区篇。归纳了相关行业的重点园区发展情况，分析了园区的基础设施建设情况、产业布局、园区内重点企业发展现状，指出园区发展存在的问题。

企业篇。从企业基本情况、经营情况和经营战略三个方面对原材料行业代表性企业进行了分析。

政策篇。着重从宏观调控政策、需完善配套政策角度分析原材料工业的政策环境，并对与原材料工业发展密切相关的重点综合性政策、行业政策进行了不同维度的解析。

热点篇。归纳整理了 2021 年原材料行业发生的重大事件，如化工园区认定管理办法出台，鞍钢重组本钢，中国铝业集团有限公司和山东魏桥创业集团有限公司联合发布《加快铝工业绿色低碳发展联合倡议书》，七部委发文提升水泥质量、规范水泥市场秩序，稀土产品价格快速上涨引发各方高度关注，分析其对原材料工业产生的影响。

展望篇。分析了 2021 年原材料工业的运行环境，预测了 2022 年原材料工业总体发展形势，并进一步对原材料工业的细分行业发展形势进行了展望。

原材料工业门类众多，问题复杂，加之时间有限，书中难免有不妥之处，敬请行业专家、主管部门及读者提出宝贵意见。

赛迪智库材料工业研究所

目 录

综 合 篇

行 业 篇

区　　域　　篇

园 区 篇

企 业 篇

展 望 篇

综　合　篇

第一章

2021 年全球原材料产业发展状况

第一节　石化化工行业

一、市场供给

2021 年，全球经济在各国财政的支持和影响下温和复苏，随着全球经济的"解封"，终端市场需求迅速恢复，推动了原材料需求的上升。据美国化学委员会（ACC）统计，2021 年全球化工产品产量同比增长 5.8%，其中，亚太地区增长约 8.2%，增速最快；其次为欧洲，增长 5.0%；北美和拉美地区分别增长 1.8% 和 2.7%，非洲和中东地区增长 2.5%。

具体来看，亚太地区，特别是中国市场仍处于快速发展阶段，2021 年，中国化工行业增加值同比增长 7.7%，增速同比提高 5.2 个百分点；乙烯总产能超 4000 万吨，产量同比增长 18.3%，达到 2826 万吨。美国化工行业好于预期，其中特种化学品、基础化学品和塑料树脂分别增长 2.6%、1.8% 和 0.4%。欧盟化工行业恢复至新冠肺炎疫情前水平，2021 年前三季度，欧盟化工产品产量同比增长 7.0%，装置开工率高于近 10 年的平均水平，整体好于疫情前水平；1—8 月行业销售额为 4116 亿欧元，较 2020 年同期增长 19.1%，出口额为 1117 亿欧元，较 2020 年同期增长 14.8%，较 2019 年同期增长 8.4%。

二、价格行情

2021 年，全球经济复苏加快，实现 80 年来最快增速，原油需求持续复苏，国际油价震荡攀升，于年底有所回落，全年价格累计上涨 55%，创 12

年来最大年度涨幅。2021年，布伦特原油期货均价70.94美元/桶，年末较年初上涨53.6%，月均复合增长率为2.88%；美国西得克萨斯中质原油（WTI）期货均价68.01美元/桶，全年平均价差2.84美元/桶，如图1-1所示。

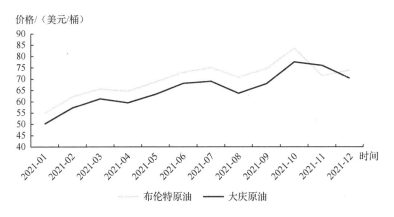

图1-1　2021年国际油价走势

（数据来源：Wind数据库，2022年04月）

分时期来看，2021年年初，受供需变化及沙特石油设施遇袭等地缘政治事件影响，油价不断走高，布伦特原油价格在3月8日上升到71美元/桶。3月中旬至4月中旬，油价受疫情反复影响显著回调，随后波动上行，布伦特原油价格于6月底突破并维持在75美元/桶。7—8月，油价因"OPEC+"协议波折、疫情加剧一度下行，后因供不应求逐步回升；9—10月，受美国飓风、全球通胀加剧、能源价格高启、供需缺口较大等因素影响，油价持续震荡上升，10月26日布伦特原油价格上升至86.40美元/桶，达到2014年10月以来的最高值。11月底，疫情引发油价大幅度下降，布伦特原油价格一度降至65.57美元/桶，由于仍存在供应缺口，价格逐步回升，并在71～77美元/桶区间震荡。

2021年，主要石化产品价格大幅度上涨，如苯乙烯价格受国际原油价格带动上涨，美国海湾现货中间价由年初的900美元/吨左右，上涨至3月中旬的1870美元/吨左右，随后逐步下行，保持在1200美元/吨左右，年底价格有所回升，在1360美元/吨左右震荡，全年价格远高于2020年长期保持在600美元/吨左右的价格，如图1-2所示。

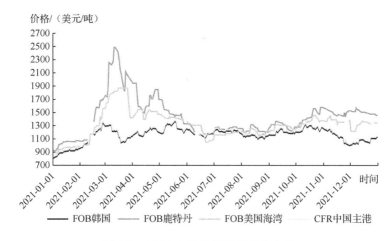

图 1-2　2021 年苯乙烯现货价格走势

（数据来源：Wind 数据库，2022 年 04 月）

第二节　钢铁行业

一、市场供给

据世界钢铁协会初步统计，2021 年全球粗钢产量达 19.51 亿吨，同比增长 3.7%，扣除中国大陆产量后，全球粗钢产量约 8.1 亿吨，同比下降 7.2%（见表 1-1）。

表 1-1　2021 年全球主要地区粗钢产量及同比增长情况

主 要 地 区	粗钢产量/百万吨	同比增长率/%
欧盟	152.5	15.4
欧洲其他国家	51.2	11.6
独联体	105.6	5.6
南美	45.6	17.8
北美	117.8	16.6
非洲	16.0	26.7
中东	41.2	1.2
亚洲和大洋洲	1382.0	0.6
全球 64 国总计	1911.9	3.6

（数据来源：世界钢铁协会，2022 年 3 月）

从各地区的粗钢产量来看，2021年，亚洲和大洋洲粗钢累计产量约13.8亿吨，同比增长0.6%，占全球粗钢产量的70.9%；欧盟粗钢累计产量1.5亿吨，同比增长15.4%，占全球粗钢产量的7.8%；南美地区粗钢累计产量4560万吨，同比增长17.8%，占全球粗钢产量的2.3%；非洲地区粗钢累计产量1600万吨，同比增长26.7%，占全球粗钢产量的0.8%；中东地区粗钢累计产量4120万吨，同比增长1.2%，占全球粗钢产量的2.1%；独联体粗钢累计产量1.1亿吨，同比增长5.6%，占全球粗钢产量的5.4%。

从2021年全球粗钢生产国家或地区产量的排名来看，中国、印度、日本占据产量排行前三的位置，其中，中国粗钢产量占全球粗钢产量的53.0%（见表1-2）。

表1-2 2021年全球粗钢前十大主要生产国家或地区

排　　名	国家或地区	产量/百万吨	全球占比/%
1	中国	1032.8	53.0
2	印度	118.1	6.1
3	日本	96.3	4.9
4	美国	86	4.4
5	俄罗斯	75.6	3.9
6	韩国	70.6	3.6
7	土耳其	40.3	2.1
8	德国	40.1	2.1
9	巴西	36	1.8
10	伊朗	28.5	1.5

（数据来源：世界钢铁协会，2022年3月）

二、价格行情

2021年全球钢材价格呈现快速持续攀升，四季度开始高位回调。从国际钢铁价格指数看，钢材综合指数1月初是224.3，为年内最低点，后价格指数快速攀升，在5月中旬达到313.5，较年初上涨89.2，涨幅达39.8%，随后短暂回落，5月底为302.5，之后价格指数继续缓慢上涨，到10月初达到331.7，为年内最高，较5月底上涨29.2，涨幅为9.7%，随后价格指数缓慢回落，到12月底达到290.5，较前高点下降41.2，降幅为12.4%。扁平材1月初为210.8，为年内最低，随后价格指数快速上涨，5月中旬达到315.1，短暂回落后从6

月初开始继续缓慢上涨，10 月初达到 333.5，为年内最高点，较年初上涨 122.7，涨幅 88.1%，随后缓慢下降，到 12 月底达到 284.0，较年初上涨 73.2，涨幅为 34.7%。长材 1 月初价格指数为 263.5，为年内最低，随后价格指数攀升，在 5 月中旬达到 334.3，较年初上涨 70.8，涨幅 26.9%，最后短暂回落，到 5 月底为 317.7，随后价格指数继续上涨，到 10 月初达到 353.6，为年内最高，较年初上涨 90.1，涨幅 34.2%，随后价格指数回落，到 12 月底达到 322.9，较年初上涨 59.4，涨幅为 22.5%，如图 1-3 所示。

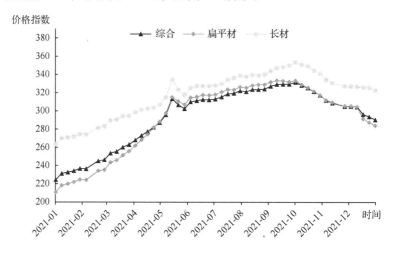

图 1-3　2021 年以来国际钢材价格指数运行态势图
（数据来源：Wind 资讯，2022 年 04 月）

分地区来看，2021 年亚洲、北美和欧洲的钢材价格走势不尽相同，北美钢材价格持续攀升后年底小幅度回调，亚洲和欧洲呈现先震荡上行后企稳回落态势。亚洲钢铁价格指数年初为 246.0，随后价格震荡上行，4 月底达到 293.8，随后在 5 月上旬和中旬价格指数快速攀升，在 5 月中旬达到 329.8，达到年内最高点，较年初上涨 83.8，涨幅为 34.1%，随后价格指数快速回落，到 5 月底降到 294.3，从 6 月到 9 月价格指数在 300 左右浮动，9 月初价格指数为 303.5，随后价格指数上涨，到 10 月上旬价格指数达到 317.8，为年内次高点，随后价格指数下行，到 12 月底降到 269.1，较年初上涨 23.1，涨幅约 9.4%。欧洲钢材价格指数年初为 189.5，随后价格指数震荡上行，在 6 月下旬达到 299.2，为年内最高点，较年初上涨 109.7，涨幅 57.9%，随后价格指数呈现阶梯性下降，6 月到 10 月初价格指数企稳，10 月上旬价格指数快速由 10 月初的 288.2 下降至 10 月中旬的 275.5，从 10 月中旬到 12 月上旬价格指数进入平台期，12月中旬价格指数快速由269.4滑落到255，到12月底价格指数为253.1，较年初上涨63.6，涨幅33.6%。北美钢材价格指数年初为235.7，为年内最低点，随后价格指数持续攀升，到10月初达到471.7，为年内最高点，较年初上涨236，涨幅为100.1%，随后价格指数相对稳定，到12月上旬，价格指数为463.3，随后回落，到12月底达到421.4，较年初上涨185.7，涨幅为78.8%，如图1-4所示。

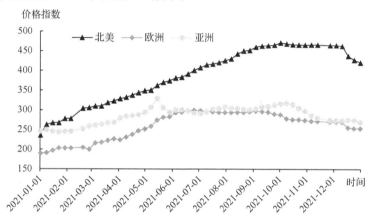

图1-4　2021年北美、欧洲、亚洲钢材价格指数运行态势图
（数据来源：Wind资讯，2022年03月）

第三节　有色金属行业

一、市场供给

（一）全球铜供应缺口收窄

世界金属统计局（WBMS）数据显示，2021年，全球铜供应短缺39.7万吨，同比减少29.3万吨。截至2021年年底，铜显性库存进一步下降，较上年底减少18万吨。从供应看，2021年全球精炼铜产量增加，生产精炼铜2466万吨，同比增长2.1%，其中，中国增加46.6万吨，印度增加15.1万吨，美国增加10.5万吨。从消费看，2021年，全球铜消费量为2506万吨，同比增长0.9%。中国的表观需求量为1389万吨，同比减少4.4%。图1-5所示为2021年全球主要精炼铜生产国产量情况。

智利连续多年保持全球第一大矿山铜生产国地位，但2021年矿山铜产量同比下降0.4%至568.0万吨（见表1-3）。

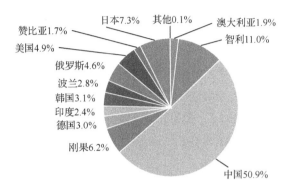

图 1-5　2021 年全球主要精炼铜生产国产量

（数据来源：ICSG，2022 年 4 月）

表 1-3　2015—2021 年智利矿山铜产量

时　　间	2015 年	2016 年	2017 年	2018 年	2019 年	2020 年	2021 年
产量/万吨	577.2	555.3	550.4	583.2	578.7	570.0	568.0

（数据来源：智利国家铜业委员会，2022 年 4 月）

（二）全球原铝供应由过剩转为短缺

WBMS 数据显示，2021 年全球原铝供应由过剩转为短缺，全年原铝供应短缺达到 193.1 万吨，而 2020 年过剩 104.1 万吨。截至 2021 年年底，铝库存较上年底减少 162.1 万吨。其中，LME（伦敦金属交易所）库存较上年底下降 160.36 万吨至 121.34 万吨。从供给看，全球原铝产量同比增加 3.1%，其中中国原铝产量占全球的 57%，达到 3850.26 万吨。从需求看，全球原铝需求量为 6906 万吨，较上年增加 501.5 万吨，同比增长 7.8%，其中中国原铝表观需求量同比增长 5.1%，中国在 2020 年成为未锻轧铝的净出口国，2021 年半成品铝材净出口 492.6 万吨，同比增长 16%。此外，美国、日本原铝需求量分别增加 31.3 万吨和 30.8 万吨。

国际铝业协会数据显示，2021 年，全球共生产原铝 6724.3 万吨，同比增加 2.9%。其中，中国、海湾阿拉伯国家合作委员会、除中国外的亚洲地区、南美洲地区产量分别增加 4.0%、1.0%、8.7% 和 15.6%。2021 年全球原铝产量分布图如图 1-6 所示。

二、主要产品价格高位运行

铜：2021 年全球铜现货结算价格高位震荡。12 月底铜现货价格较 1 月初上涨 22.4%，达到 9692 美元/吨。全年铜现货平均结算价格为 9317.5 美元/吨，较上年同期上涨 50.8%。铜现货最高结算价格达到 10 724.5 美元/吨，较上年最高价格上涨 34.7%。铜现货最低结算价格达到 7755.5 美元/吨，较上年最低价格上涨 68.0%。

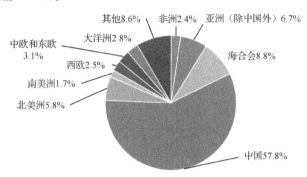

图 1-6　2021 年全球原铝产量分布图

（数据来源：Wind 资讯，2022 年 4 月）

2021 年全球铝现货结算价格高位运行。12 月底铝现货价格较 1 月初上涨 39.4%，达 2806 美元/吨。全年铝现货平均结算价格为 2479.6 美元/吨，较上年同期上涨 45.5%。铝现货最高结算价格达到 3180 美元/吨，较上年最高价格上涨 55.0%。铝现货最低结算价格达到 1951.5 美元/吨，较上年最低价格上涨 37.3%。

2020—2021 年 LME 铜、LME 铝现货结算价格走势如图 1-7 所示。

图 1-7　2020—2021 年 LME 铜、LME 铝现货结算价格走势

（数据来源：Wind 资讯，2022 年 4 月）

第四节　建材行业

一、市场供给

2021 年，新冠肺炎疫情持续肆虐，但随着各国部署疫苗接种免疫等措施的不断推进，疫情给全球经济带来的影响也有所减弱，全球经济从新冠肺炎疫情中复苏的速度有所加快，国际货币基金组织发布的报告中预测全球经济将增长 6%，高于此前预测的 5.5%，并预测全球主要经济体都将有较大增长。随着疫情影响的减弱，基建、房地产等项目相继投产，多国建筑材料需求上涨。

从水泥行业看，多数国家需求有所上涨，需求量增加，中国以 23.6281 亿吨的水泥产量位居全球第一，印度以 3.4852 亿吨的水泥产量位居第二，越南以 1.056 亿吨的水泥产量位居第三。从全球水泥生产企业 30 强榜单看，排名前两位的水泥公司均来自中国，中国建材实现水泥产量超 5 亿吨，高居全球榜首，安徽芜湖海螺水泥公司以 3.69 亿吨的产量排名第二，瑞士拉法基豪瑞公司、德国海德堡公司和中国金隅冀东集团分别排名第三、四、五位，此外，华新水泥、华润水泥、台湾水泥、天瑞水泥、西部水泥等中国企业榜上有名，多家印度企业、印尼企业、泰国企业和越南企业也都榜上有名。从具体国家看，美国建筑材料和园艺用品销售额较 9 月环比增长 2.8%，同比增长 6.5%。越南全年水泥总产量达 1.03 亿吨，同比增长 1.4%，销量达 1.05 亿吨，同比增长 2%，其中水泥及熟料出口量为 4200 万吨至 4500 万吨，较 2020 年增长 19%，出口额为 21 亿美元，创历史新高，随着出口量触及上限，为限制不可再生资源的出口，越南财政部提出将熟料产品出口税率由 5%提高至 10%，未来将逐渐限制水泥及熟料出口。此外，东南亚地区之前一直是水泥的出口集中地，2021 年受新冠肺炎疫情反扑影响，海运运费面临上涨压力，对东南亚地区的水泥出口形成一定制约。

从平板玻璃行业看，市场趋于饱和，光伏玻璃、电子显示玻璃、超薄玻璃等特种玻璃产品发展速度较快。2021 年全球光伏玻璃需求量约 1031 万吨，在不考虑冷修停产、产能复产和超白浮法玻璃替代作用的情况下，全球光伏玻璃产量预计为 1058 万吨左右，供需相对平衡。根据 QYR（恒州博智）的统计及预测，2021 年全球显示玻璃基板市场销售额达到 62 亿美元。

从建筑陶瓷行业看，"收购并购"明显增多，据陶业要闻不完全统计，2021 年全球陶瓷行业宣布或完成 25 笔并购交易，其中，中国境内 17 笔收购交易，总交易金额约 23.58 亿元，国际方面发生 8 起并购整合案件，2 宗披露的交易金额合计超 3.75 亿美元（约 23.91 亿元）。从具体国家看，意大利瓷砖行业强劲回升，恢复至疫情前的较好水平，2021 年全年产量超 4.3 亿平方米，销量约 4.58 亿平方米，较 2019 年增长 12%，出口约 3.67 亿平方米，较 2019 年增长 13%，陶瓷行业也强劲复苏，年终营业额增至 21.45 亿欧元，同比增长 45%。

二、价格行情

2021 年，全球建材行业缓慢复苏，水泥、平板玻璃等主要建材产品价格涨幅明显，一季度建材产品处于传统淡季，需求减弱，价格总体偏低，进入第二、三季度后，基建、房地产等项目建设陆续加快，需求快速攀升，价格也随之上涨，第四季度天气转冷，北方地区需求转弱，带动价格整体下跌。以 5 毫米玻璃期货价格来看，2021 年上半年价格涨幅明显，从 1 月的 1700 元/吨涨到 7 月的 3000 元/吨以上，涨幅高达 80% 以上，下半年价格跌幅明显，截至 12 月 31 日，价格已经跌回 1638 元/吨，与年初基本持平。

图 1-8 是 2021 年 5 毫米玻璃期货价格走势。

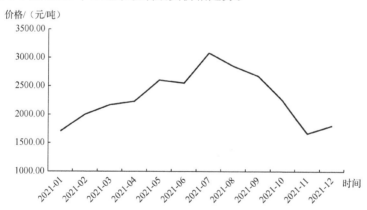

图 1-8 2021 年 5 毫米玻璃期货价格走势
（数据来源：Wind 数据库，2022 年 4 月）

第五节 稀土行业

一、市场供给

美国地质勘探局（USGS）数据显示，2021 年全球稀土资源储量为 1.2 亿吨，其中，我国占比 35%，越南和巴西分别占比 18% 和 17%，其次是俄罗斯、印度、澳大利亚等。2021 年的全球稀土行业格局已经与十多年前大相径庭，从中国独大，完全转变成中国、美国、澳大利亚和缅甸为主导的多元供应格局，除了主要供应国，俄罗斯、印度、布隆迪、越南等国家和地区也都保有一定份额的供应量。伴随供应格局而来的是 21 世纪第一次稀土价值重估，作为主要的稀土资源供应国之一，中国坚定的环保政策保护了不可再生的稀土资源，也使稀土产品的价格中包含本应存在的环境成本。从某种意义上说，这实际上促进了国际稀土供应市场的合理竞争，也使美国和澳大利亚的稀土资源得以重新进入市场。

图 1-9 是 2011—2021 年全球稀土资源储量。

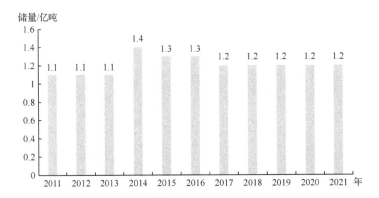

图 1-9　2011—2021 年全球稀土资源储量

（数据来源：USGS，2022 年 4 月）

图 1-10 是 2021 年各国稀土资源储量占比。

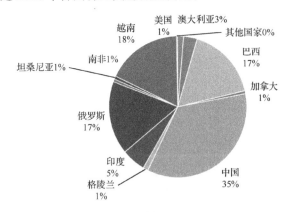

图 1-10　2021 年各国稀土资源储量占比

（数据来源：USGS，2022 年 4 月）

美国地质勘探局数据显示，2021 年全球稀土矿产量为 28 万吨。其中，我国 16.8 万吨，占全球总量的 60%；美国 4.3 万吨，约占全球总量的 15%；缅甸 2.6 万吨，约占全球总量的 9%；澳大利亚 2.2 万吨，约占全球总量的 8%。这 3 个国家是除我国之外稀土矿产量最多的国家。

图 1-11 是 2013—2021 年全球稀土矿产量。

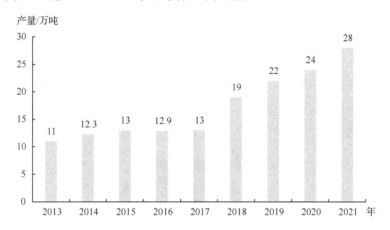

图 1-11　2013—2021 年全球稀土矿产量

（数据来源：USGS，2022 年 4 月）

图 1-12 是 2021 年各国稀土矿产量占比。

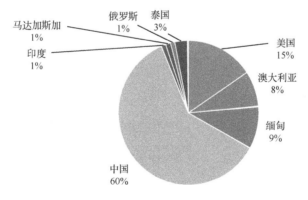

图 1-12　2021 年各国稀土矿产量占比

（数据来源：USGS，2022 年 4 月）

二、市场需求

近年来，全球对稀土材料的消费量不断增长，从 2010 年的 12.5 万吨增长至 2021 年的 19.9 万吨。随着全球新能源的发展和各国环境政策的推行，新能源汽车、风电等节能产业或将迎来高速发展，推动钕铁硼需求大幅度增长。此外，在碳中和趋势下，风力发电、节能电器也将持续拉动钕铁硼消费，而工业机器人、智能制造及稀土储氢、稀土催化等稀土功能材料都具有较好的发展前景。镨钕、镝铽等钕铁硼原料产品需求量都呈稳步扩大趋势。

从数量上来看，在全球各行业稀土消费中，玻璃、磁材及催化剂的领域占据主要份额，而我国磁材领域用量占比更高。从价值来看，磁材行业的稀土消耗占比最大，2021 年的数据显示高达 63%，远超其他行业，钕铁硼主要应用于汽车、新能源电机、工业机器人、风电、变频空调等。

图 1-13 是全球各行业稀土消费占比（量）。

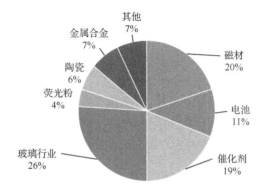

图 1-13　全球各行业稀土消费占比（量）

（数据来源：Argus 公司，2022 年 4 月）

图 1-14 是全球各行业稀土消费占比（价值）。

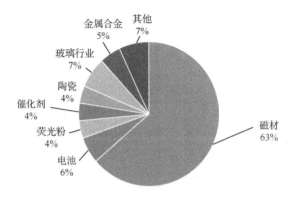

图 1-14　全球各行业稀土消费占比（价值）

（数据来源：Argus 公司，2022 年 4 月）

第二章

2021年中国原材料产业发展状况

2021 年，在全球经济复苏进程放缓和我国经济平稳持续恢复的影响下，我国原材料工业整体发展势头较好，主要原材料产品价格高位震荡。

第一节　基本情况

一、原材料工业增加值增速放缓，钢铁产量逐步缩减，化工、有色、建材产品继续保持增长态势

从增加值看，2021 年 1—12 月，我国原材料工业平稳增长，分行业工业增加值基本保持增长态势，但增速均有所放缓。化学原料和化学制品制造业增加值同比增长 7.7%，增速低于去年同期水平；黑色金属矿采选业增加值同比增长 3.4%，增速逐月放缓；黑色金属冶炼及压延加工业增加值同比增长 1.2%，低于去年同期水平；有色金属矿采选业增加值增速同比减少 1.7%；有色金属冶炼及压延加工业增加值同比增长 3.9%，增速逐月放缓；非金属矿采选业、非金属矿物制品业增加值同比分别增长 7.5%和 8%，增速也逐月放缓。从产品看，除钢铁行业外，我国大部分原材料产品产量保持增长态势。钢铁行业受政策调控影响，产量规模逐步压减，生铁、粗钢产量同比减少 4.3 和 3 个百分点；钢材产量小幅度增长，产量增速逐步放缓，较年初下降 23 个百分点。化工产品中，硫酸、烧碱、乙烯产量均保持增长，其中，乙烯产量增速高于去年同期 13.4 个百分点；十种有色金属产量有所增加；水泥产量有所减少，平板玻璃产量同比增长 8.4%（见表 2-1）。

表 2-1   2021 年我国主要原材料产品产量及增长率

主 要 产 品	产 量	增长率/%	2020 年同期增长率/%
硫酸	9383/万吨	5	-1.2
烧碱	3891/万吨	5.2	5.7
乙烯	2826/万吨	18.3	4.9
生铁	8.7/亿吨	-4.3	4.3
粗钢	10.3/亿吨	-3	5.2
钢材	13.3/亿吨	0.6	7.7
十种有色金属	6454/万吨	5.4	5.5
水泥	23.6/万吨	-1.2	1.6
平板玻璃	10.2/亿重量箱	8.4	1.3

（数据来源：国家统计局，2022 年 1 月）

二、投资保持稳定增长，投资增速加快

2021 年，我国原材料工业固定资产投资规模逐步扩大。化学原料和化学制品制造业投资同比增长 15.7%，高于去年同期水平。钢铁行业投资规模扩大，黑色金属矿采选业、黑色金属冶炼和压延加工业投资同比分别增长 26.9%、14.6%，其中黑色金属矿采选业投资增速扭转去年同期负增长水平。有色金属行业投资规模扩大，有色金属矿采选业、有色金属冶炼和压延加工业投资分别同比增长 1.9% 和 4.6%，均高于去年同期水平。建材行业中，非金属矿采选业投资增速高于去年同期 20.7 个百分点，非金属矿物制品业投资增速同比增长 10.1 个百分点（见表 2-2）。

表 2-2   2021 年我国原材料工业固定资产投资增长率

行 业	同比增长率/%	2020 年同期同比增长率/%
化学原料和化学制品制造业	15.7	-1.2
黑色金属矿采选业	26.9	-10.3
黑色金属冶炼和压延加工业	14.6	26.5
有色金属矿采选业	1.9	-4
有色金属冶炼和压延加工业	4.6	-0.4
非金属矿采选业	26.9	6.2
非金属矿物制品业	13.1	-3

（数据来源：国家统计局，2022 年 1 月）

三、出口贸易保持增长，出口增速保持较高水平；进口贸易持续减少，降速持续扩大

2021年，在全球经济缓慢复苏、我国经济平稳发展的带动下，我国进出口贸易实现较快增长，原材料产品出口总体呈现快速增长态势，增速处于近年来的较高水平。钢材出口6690万吨，同比增加24.6%，增速创近5年来同期最高水平；未锻造的铜及铜材出口93.2万吨，同比增长25.3%，增速高于2020年和2019年；未锻造的铝及铝材出口561.9万吨，同比增长15.7%，增速高于2020年和2019年。受国外生产供应进程恢复缓慢等因素影响，我国主要原材料产品进口有所减少，钢材进口1427万吨，同比减少29.5%；未锻造的铜及铜材进口552.9万吨，同比减少17.2%；未锻造的铝及铝材进口321.4万吨，同比增长18.8%，增速逐月下降。

四、主要原材料产品价格表现分化，钢铁、有色金属产品价格高位震荡，化工产品价格冲高回落，建材产品价格相对平稳

2021年1—12月，主要原材料产品价格整体呈现上涨态势，处于历史较高水平，不同产品表现不一。钢铁价格波动上行，第四季度开始冲高回落。1—9月，钢材价格持续上涨，中国钢材价格指数（CSPI）从年初的123.03上涨到9月底的157.7，创近十年来最高水平，10月起钢材价格指数逐步回落，12月底钢材价格指数为131.7，较2021年最高点下降24.7%。全年平均价格指数为142.03，同比上涨36.46。建材价格呈现先大涨后回调态势。建材综合指数从1月的154.16上涨到9月的198.83，10月逐步回调，12月调整到171.35。有色金属产品价格高位运行。铜价从1月的58 881元/吨上涨到12月的69 757元/吨，铝、铅、锌价格均不同程度上涨。化工产品价格表现不一。硫酸价格从1月初的376.4元/吨上涨到9月的1009.3元/吨，10月逐步下调，12月下调到532元/吨；尿素（小颗粒）价格持续上涨，从1月的2070元/吨上涨到10月的3158.9元/吨，11月、12月价格逐步下降；甲醇价格从1月的2229.9元/吨上涨到10月的3266.3元/吨，后两个月逐步下调（见表2-3）。

表 2-3　2021 年 1—12 月我国部分原材料产品价格变化

月份	中国钢材价格指数（CSPI）（1994 年 4 月=100）	铜（元/吨）	铝（元/吨）	铅（元/吨）	锌（元/吨）
1 月	123.03	58 881	15 132	14 961	20 776
2 月	131.36	62 962	16 199	15 398	21 024
3 月	136.28	66 502	17 346	14 924	21 600
4 月	148.88	67 864	17 850	14 990	21 710
5 月	144.07	73 925	19 218	15 258	22 471
6 月	143.47	70 331	18 629	15 169	22 494
7 月	153.48	69 490	19 134	15 556	22 370
8 月	151.07	69 601	20 122	15 370	22 592
9 月	157.70	69 726	22 256	14 701	22 785
10 月	149.64	71 852	22 447	15 096	24 333
11 月	133.63	71 341	19 128	15 218	23 330
12 月	131.7	69 757	19 274	15 268	23 531

（数据来源：赛迪智库整理，2022 年 1 月）

五、行业经济效益保持增长，利润增速较去年同期有所加快

2021 年，我国原材料工业经济效益保持增长，企业利润增加。具体来看，化学原料和化学制品制造业利润同比增长 87.8 个百分点。钢铁行业经济效益有所改善，黑色金属矿采选业、黑色金属冶炼和压延加工业利润同比分别增长 113.5% 和 75.5%。有色金属行业利润保持增长，有色金属矿采选业、有色金属冶炼和压延加工业利润分别同比增长 44.5% 和 115.9%。建材行业利润平稳增长，非金属矿采选业、非金属矿物制品业利润分别同比增长 23.3% 和 14.3%（见表 2-4）。

表 2-4　2021 年我国原材料行业利润及增长率

行　　业	绝对量/亿元	同比增长率/%	2020 年同期增速/%
化学原料和化学制品制造业	8019.4	87.8	20.9
黑色金属矿采选业	774.5	113.5	74.9
黑色金属冶炼和压延加工业	4240.9	75.5	-7.5
有色金属矿采选业	513.7	44.5	14.7

续表

行　　业	绝对量/亿元	同比增长率/%	2020年同期增速/%
有色金属冶炼和压延加工业	3131.2	115.9	20.3
非金属矿采选业	433.1	23.3	4.2
非金属矿物制品业	5587.4	14.3	2.7

（数据来源：国家统计局，2022年2月）

第二节　工作进展

一、供给侧结构性改革工作纵深推进

2021年，为落实党中央、国务院重要决策部署，我国原材料工业深化供给侧结构性改革，继续推动转型升级工作。

钢铁行业。一方面，为巩固前期去产能成果，遏制部分地方和企业因为行业效益转好产生的盲目建设钢铁项目的冲动，深入推进钢铁行业供给侧结构性改革，国家发展改革委员会、工业和信息化部于2021年在全国范围内组织开展钢铁去产能"回头看"检查，以及粗钢产量压减工作，推动钢铁行业走质量提升之路。此次"回头看"工作重点检查化解钢铁过剩产能、打击"地条钢"涉及的冶炼装备关停和退出情况，钢铁冶炼项目建设、投产运行情况，历次检查发现问题整改落实情况，举报线索核查及整改情况，化解钢铁过剩产能工作领导小组开展工作情况,并开展2021年粗钢产量压减工作[①]。另一方面，工业和信息化部于4月出台《钢铁行业产能置换实施办法》，利用市场化手段和法制化手段化解过剩产能，加快钢铁工业供给侧结构性改革。

石化化工行业。继续推进危险化学品生产企业搬迁改造工作，召开专项工作组2021年第一次会议，部署2021年专项工作组工作计划。同时，为规范化工园区建设，提升化工园区本质安全和绿色发展水平，促进化工产业高质量发展，工业和信息化部制定《化工园区建设标准和认定管理办法（试行）》，界定了化工园区的定义，提出了化工园区的建设标准，明确了化工园

---

① 国家发展改革委员会、工业和信息化部就2021年钢铁去产能"回头看"、粗钢产量压减等工作进行研究部署，https://www.miit.gov.cn/jgsj/ycls/gt/art/2021/art_6618ea3ec1634d29a158e6b0c1c74374.html.

区的认定和管理，有利于推动化工园区高质量发展。

有色金属行业。为推进铝扩大应用，有色金属工业协会、原材料工业司组织中国汽车工业协会、中铝材料应用研究院等单位召开铝应用研讨会，聚焦重点领域，搭建上下游合作平台，完善产品标准及设计规范体系①，降低应用成本，推动铝在交通运输、包装容器、机械设备、建筑结构等领域应用。为继续扩大铜消费应用，推动铜消费升级，有色金属工业协会、原材料工业司组织重点铜生产企业和下游应用企业召开铜消费升级研讨会，总结前期推动铜消费应用中取得的成果、经验和问题，提出下一步铜应用的重点方向，提出加快铜产业技术创新，补齐产业链发展短板，推动上下游对接，提高产业配套与服务能力，提升铜产品质量，推动铜在 5G、新能源汽车、建筑用水管等领域的应用。12 月 23 日，由中铝集团、中国五矿集团、赣州稀土集团等组建的中国稀土集团有限公司成立，进一步提高了我国稀土产业的集中度，有利于加快我国稀土资源的集约化利用。

建材行业。为化解水泥、玻璃行业产能过剩问题，工业和信息化部出台《水泥玻璃行业产能置换实施办法》，根据新形势，对水泥、平板玻璃的置换比例和范围进行调整，更加严格地认定产能指标，使得产能置换操作程序更加规范，用市场化和法制化手段推动水泥玻璃行业供给侧结构性改革。同时，建材行业注重用标准手段推动行业高质量发展，11 月 19 日原材料工业司、科技司组织中国建筑材料联合会、建材行业 15 个全国标准化技术委员会等单位召开建材行业标准工作座谈会，提出对照国际先进标准，健全完善覆盖产品全生命周期、上下游协同的建材行业标准体系；加快推进无机非金属材料、绿色建材、智能制造、低碳发展等领域标准制定和修订；推动产业链上下游联动，提升标准工作水平。此外，部分地区加快提高建材行业集中度。例如，中国联合水泥集团与河南投资集团成立合营公司，建成河南最大规模的建材集团，进一步提高河南省水泥行业集中度。

二、技术创新步伐进一步加快

2021 年，原材料工业大力推动技术创新，一批具有国内外影响力的科技

---

① 扩大铝应用研讨会在北京召开，https://www.miit.gov.cn/jgsj/ycls/ysjs/art/2021/art_8cad4c2987854d11a3c443d6c4d9af7e.html.

成果涌现。

钢铁行业。鞍钢股份有限公司成功轧制出厚度为 5 毫米、宽度为 3400 毫米的世界最宽 7Ni 钢薄板，标志着鞍钢超薄超宽钢板轧制技术达到世界领先水平，可以为 LNG 储罐和运输船建设提供材料支撑。上海大学董瀚教授领衔的高性能钢铁材料团队与六家单位联合攻关，研制出世界首款 19.8 级（最高强度等级）超高强度紧固件，标志着中国基础件与材料从跟跑、并跑到领跑的过程正在加速。中国宝武太钢集团全球首发 0.07 毫米超平不锈钢精密带材和无纹理表面不锈精密带钢两项新产品，其中，0.07 毫米超平不锈钢精密带材是手机关键结构件背光用材，实现了板型平整度 0.1 毫米/米以下，强度 1200MPa 以上的目标，市场前景良好；无纹理表面不锈精密带钢大幅度减小了不锈精密带材表面横纵向粗糙度、光泽度差异，实现了表面高度一致性，已通过知名企业产品测试。中信特钢全球首创的 2200MPa 级超高强度桥梁缆索用热轧盘条产品填补了世界空白。

石化化工行业。上海石化 1.2 万吨/年 48 万根大丝束碳纤维项目正式开工建设，标志着我国大丝束碳纤维全部依赖进口的局面将被打破。中海油自主研发的旋转导向和随钻测井系统中的高速率脉冲遥传技术实现重大突破，标志着我国钻井技术跻身世界前列。中石化所属石油化工科学研究院自主研发的原油催化裂解技术实现工业化应用重大突破，我国成为世界上原油催化裂解技术路线领跑者。中国建材集团西宁万吨级碳纤维基地正式投产，标志着我国拥有了第一个万吨级碳纤维生产基地。在国家科学技术奖中，石化化工行业有 11 个项目获奖，其中，国家科技进步奖一等奖 3 项、二等奖 8 项，国家技术发明奖 11 项。

有色金属行业。东轻铝业公司、西南铝业公司和西北铝业公司为"神舟十三号""天舟三号""天问一号"等重大项目提供高端铝材，标志着我国高端铝合金材料自主保障能力进一步增强。西南铝业公司和有研科技集团等单位承担的"航空用高性能 7050 铝合金大规格锻件工业化制造技术""高性能航空铝合金超宽幅预拉伸板材工业化制造技术"项目获得中国有色金属工业科学技术奖一等奖，广东兴发铝业公司、广东伟业铝业公司、福建闽发铝业公司、山东丛林铝业公司等单位完成的 11 个项目获二、三等奖。上海交大团队医用镁合金骨内植物临床试验研究取得突破性进展，为全降解镁合金植入物等高端医疗器械在临床推广的深度应用奠定了基础，具有里程碑意义。

建材行业。由华新水泥股份有限公司与湖南大学联合研发的世界首条利用水泥窑烟气二氧化碳制备混凝土砖生产线成功运行，该生产线突破了二氧化碳不能快速进入混凝土制品内部进行迁移和反应的技术瓶颈，首次实现了工业化大规模生产。低热水泥首次在白鹤滩水电站 300 米特高拱坝全坝应用，标志着大范围推广低热水泥的条件已经成熟。凯盛科技公司在蚌埠建成了国内第一条具有自主知识产权的 300 兆瓦铜铟镓硒发电玻璃生产线，进一步扩大了发电玻璃在建筑和交通等领域的应用。

三、低碳发展和智能制造取得积极成效

2021 年，原材料工业探索低碳发展道路，智能制造建设成效比较显著。

钢铁行业继续推行超低排放改造，取得阶段性成就。自 2019 年生态环境部等 5 部门发布《关于推进实施钢铁行业超低排放的意见》以来，截至 2021 年 12 月底，有 21 家钢铁企业超过 1 亿吨粗钢产能全面完成超低排放改造，220 多家企业约 5.7 亿吨粗钢产能正在实施超低排放改造。2021 年 2 月，中国钢铁工业协会发布《钢铁担当，开启低碳新征程——推进钢铁行业低碳行动倡议书》。4 月，中国钢铁工业协会低碳工作推进委员会成立。中国宝武、鞍钢、河钢、包钢等一批钢铁企业发布"双碳"目标，包钢股份公司发行我国首个钢铁行业的碳中和债券。11 月 15 日，为进一步规范超低排放改造，中国钢铁工业协会发布了《关于钢铁行业超低排放改造和评估监测公示终止申报或撤销公示的相关规定（试行）》。11 月 18 日，由中国宝武公司倡议并联合全球钢铁伙伴单位发起的全球低碳冶金创新联盟成立。2021 年，13 家钢铁企业应用案例入围工业和信息化部"2021 年工业互联网平台创新领航应用案例入围名单"，55 项钢铁行业智能制造解决方案发布，一批黑灯工厂、无人库区、数字车间等建成。

石化化工行业加快落实碳达峰要求，全力探索"十四五"时期低碳发展路径。2021 年 1 月，中国海洋石油集团有限公司（简称中海油）宣布正式启动碳中和规划，推动企业全面绿色低碳转型；中国石化宣布持续推进"能效提升"计划和"绿色企业行动计划"。1 月 15 日，中国石油和化学工业联合会发布《石油和化学工业"十四五"发展指南》，提出"深入实施绿色发展战略，提升数字化和智能化发展水平"。4 月，中国石化发布国内油气行业首支"绿色债券"。8 月，中国石油和化学工业联合会牵头编制的《化工园区碳中和实施指南》正式立项，这是国内第一个工业园区"减碳"类标准。石化化工行业积极推行智能制造，2021 年，中国石油、万华化学等 6 家化工企业

入选工业和信息化部的智能制造试点示范工厂。6 月 1 日，中国中化集团旗下中化能源科技有限公司建设的标准化、一体化、智能化的石化物流数字化解决方案平台在宁波正式亮相，开创了石化化工行业数字化物流新时代。6 月 10 日，国内首个 5G 全智能炼厂创新应用发布，传统油气炼化企业的安全环保管控水平、生产效率等大幅度提高。

有色金属行业积极落实碳达峰目标，加快探索低碳发展路径。2021 年 1 月，中国铝业集团与山东魏桥集团联合发布《加快铝工业绿色低碳发展联合倡议书》。3 月，国家发改委产业司主持召开有色金属、钢铁、建材等行业碳达峰工作研讨会，围绕碳达峰方案制定、推动行业低碳转型进行研讨。9 月，由中国有色金属工业协会和中国铝业集团共同发起的中国有色金属绿色低碳发展创新联合体召开第一次代表大会，旨在发挥协会和龙头企业引领作用，推动有色金属行业低碳绿色发展。为加速推动有色金属行业智能制造标准化工作，2021 年 9 月全国有色金属标准化技术委员会组织发布了《有色金属行业智能制造标准体系建设指南》（征求意见稿），用标准手段推动行业智能制造转型。

建材行业加快推动绿色建材认证工作，健全绿色建材市场体系，推动绿色建材生产应用。2021 年 2 月，工业和信息化部原材料工业司对 2019 年以来的绿色建材认证工作进行总结，已有 22 家认证机构获得绿色产品（建材类）和绿色建材产品认证资格，6 个绿色产品认证领域合计 184 种产品获得中国绿色产品（建材类）认证证书。6 月 16 日，中国建材检验认证集团股份有限公司为北京东方雨虹公司颁发了首张绿色建材认证证书，标志着我国绿色建材产品认证逐步成熟。6 月 29 日，中国质量认证中心向河北保定嘉盛光电科技股份有限公司颁发了绿色建材产品认证证书，该证书是光伏建筑一体化（BIPV）行业的第一张绿色建材认证证书，标志着 BIPV 产品的认证管理更加规范，有助于推动 BIPV 技术及光伏绿色建材产品在建筑上的应用。9 月，中国建材检验认证集团股份有限公司向阿鲁克邦复合材料（江苏）有限公司颁发了绿色建材产品认证证书，该证书是金属复合板行业的第一张绿色建材认证证书。12 月，原材料工业司在北京组织召开绿色建材下乡活动研讨会，讨论绿色建材下乡活动工作方案。为发挥标准对推动建材行业智能制造发展的支撑和引领作用，推动建材行业智能制造，10 月工业和信息化部发布《建材行业智能制造标准体系建设指南（2021 版）》（征求意见稿），要求水泥等建材行业逐步开展智能制造标准研制工作。

行业篇

第三章

石化化工行业

第一节　基本判断

2021 年，全球经济高速增长、复苏强劲，石化化工行业主要经济指标较快增长，营业收入和利润总额更是创下历史新高。总体来看，全年石化化工行业运行呈现"前高后低"特点，上半年高速增长，下半年增速回落。

一、主要产品产量平稳增长

2021 年，我国原油生产平稳，连续三年实现同比增长，全年产量约 1.99 亿吨，同比增长 2.4%，表观消费量 7.15 亿吨，同比下降 2.3%，出现近年来少见的负增长。原油加工量 7.03 亿吨，同比增长 4.3%。成品油产量（汽油、煤油、柴油合计）3.5 亿吨，同比增长 6%。其中，汽油产量约 1.55 亿吨，同比增长 17.3%；煤油产量 0.39 亿吨，同比下降 2.6%；柴油产量约 1.63 亿吨，同比增长 2.7%（见表 3-1）。

表 3-1　2021 年成品油生产情况

产　品	生　产　情　况	
	产量/亿吨	同比增长率/%
原油	1.99	2.4
汽油	1.55	17.3
煤油	0.39	−2.6
柴油	1.63	2.7

（数据来源：Wind 数据库，2022 年 4 月）

2021 年，我国主要化学品总产量同比增长 5.7%，增速较 2020 年提高 2.1 个百分点。从主要品类来看，基础化学品总量增长 6.7%，合成材料总量增长 6.9%，化肥产量基本持平，农药原药产量同比增长 7.8%，轮胎外胎产量同比增长 10.8%。从具体产品来看，乙烯产量涨幅较大，同比增长 18.3%，硫酸、烧碱、甲醇、聚氯乙烯产量分别同比增长 5%、5.2%、7.9%、9.9%（见表 3-2）。

表 3-2　2021 年主要化工产品生产情况

产　品	生　产　情　况	
	产量/万吨	同比增长率/%
硫酸	9382.7	5
烧碱	3891.3	5.2
乙烯	2825.7	18.3
甲醇	5875.1	7.9
聚氯乙烯	2130	9.9

（数据来源：Wind 数据库，2022 年 4 月）

二、行业投资全面增长

2021 年，我国石化化工行业投资同比增长 11.4%，比 2020 年提升了 11.3 个百分点，化工投资增速超过全国工业平均水平。从各领域来看，石油和天然气开采业完成投资同比增长 4.2%，2020 年为下降 29.6%；石油、煤炭及其他燃料加工业完成投资同比增长 8%；化学原料和化学制品制造业完成投资同比增长 15.7%，2020 年为下降 1.2%。

三、产品价格大幅度上涨

2021 年，受经济复苏加快、供需复苏错位等因素影响，全球能源和大宗商品价格大幅度上涨，我国石化产品价格随之攀升，一些主要化学品价格创历史新高。从各领域来看，全年油气开采出厂价格同比上涨 38.7%，化学品原料和化学品制造业同比上涨 19.1%，且第一季度和第三季度涨幅较大，第四季度上涨后回落。从产品来看，涨价化工产品范围广，涨幅大。中国石油和化工联合会统计监测数据显示，在 46 种主要无机化工产品中，39 种全年市场均价同比上涨，占比约 84.8%；在 87 种主要有机化工产品中，80 种全年市场均价同比上涨，占比约 92.0%；在 43 种主合成材料中，41 种全年市场均价同比上涨，占比约 95.3%；钾肥、磷肥、复合肥等价格达到近 10 年来的最高水平，液氨、尿素等氮肥价格创历史新高。

图 3-1 是 2020—2021 年乙烯价格。

图 3-1　2020—2021 年乙烯价格

（数据来源：Wind 数据库，2022 年 4 月）

图 3-2 是 2020—2021 年尿素价格。

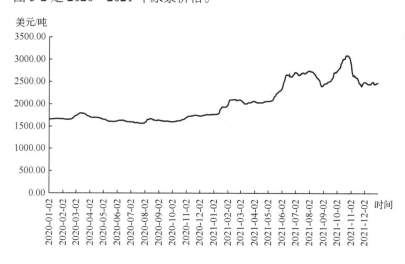

图 3-2　2020—2021 年尿素价格

（数据来源：Wind 数据库，2022 年 4 月）

四、行业效益创历史新高

2021 年，石化化工行业实现营业收入 14.45 万亿元，占全国工业比重为 11.3%，同比增长 30%，高出全国规模工业同比增速 10.7 个百分点；实现利润 1.16 万亿元，占全国工业比重为 13.3%，同比增长 126.8%，高出全国规模工业同比增速 92.5 个百分点，营业收入和利润总额均创历史新高。行业盈利能力显著增强，全年全行业营收利润率达到 2010 年以来的最高水平，为 8.04%，较全国规模工业高 1.23 个百分点，较 2020 年提升 3.43 个百分点。亏损企业亏损额同比下降 39.3%，行业亏损面为 15.5%，同比缩小 2.2 个百分点。

分板块来看，油气开采业实现收入 1.1 万亿元，利润 1650.4 亿元，同比分别增长 28.3% 和 533.8%；炼油业实现收入 4.4 万亿元，利润 1874 万亿元，同比分别增长 30.1% 和 318.2%；化工行业实现收入 8.7 万亿元，同比增长 31.1%，实现利润 7932.2 亿元，同比增长 85.4%，收入和利润均创历史新高。分行业来看，除煤化工亏损扩大之外，其他行业均实现盈利，其中，化肥和化学矿制造与基础化学原料利润增速分别超过 1 倍和 2 倍。

五、进出口贸易大幅度下降

2021 年，我国石化化工行业进出口总额创历史新高，达到约 8600.8 亿美元，占全国进出口总额的 14.2%，较 2020 年增长 38.7%。其中，进口总额约为 5645.4 亿美元，同比增长 37.1%，出口总额约为 2955.5 亿美元，同比增长 41.8%，贸易逆差为 2689.9 亿美元，同比增长 32.3%。

油气进口方面，2021 年，我国原油进口出现 20 年来的首次下降，进口量为 5.13 亿吨，同比下降 5.3%，对外依存度为 72%，下降 1.6 个百分点；天然气进口量为 1697.9 亿立方米，同比增长 20.7%，对外依赖度达到 44.4%，上升 2.8 个百分点。

出口方面，成品油出口量 4033.2 万吨，同比下降 11.8%，连续两年下降。橡胶制品出口额 578.2 亿美元，同比增长 34.6%。化肥出口量 3289.9 万吨，同比增长 12.9%。

有机化学品和合成材料外贸结构优化，出口大增，净进口量显著下降。2021 年，有机化学品出口量同比增长 30.1%，净进口量同比下降 26.4%；合成材料出口量同比增长 68.1%，净进口量同比下降 39.1%。

2020—2021 年石化化工行业出口交货值见表 3-3。

表 3-3　2020—2021 年石化化工行业出口交货值

行　业	2021 年		2020 年	
	累计值/亿元	同比增长率/%	累计值/亿元	同比增长率/%
石油和天然气开采业	42.3	−8.0	46	167.3
化学原料及化学制品制造业	4763.4	39	3427.5	−8.8
橡胶和塑料制品业	4396.1	17.6	3738.7	0.3

（数据来源：Wind 数据库，2022 年 4 月）

2021 年油气产品进口情况见表 3-4。

表 3-4　2021 年油气产品进口情况

产　品	进 口 总 量	
	累 计 值	同比增长率/%
原油	5.13 亿吨	−5.3
天然气	1697.9 亿立方米	20.7

（数据来源：Wind 数据库，2022 年 4 月）

第二节　需要关注的几个问题

一、新冠肺炎疫情影响仍存较大不确定性

当前，新冠肺炎疫情仍在高位运行、中美贸易摩擦演进、全球地缘政治冲突此消彼长，经济恢复仍面临较大的不确定性。世界银行表示，全球经济受新冠肺炎疫情持续冲击影响面临"严峻前景"，增速将放缓；国际货币基金组织认为，2022 年全球经济将比预期更加脆弱，原因包括奥密克戎广泛传播致各国重新出台限制流动措施，能源价格上涨和供应链中断引发通货膨胀，且程度超出预期、波及范围更广；世界卫生组织表示，新冠肺炎疫情是影响全球经济继续复苏的最大不确定性因素。石化化工行业发展依然面临不确定性、不稳定性。

二、经济下行压力较大

从全球经济来看，国际货币基金组织将 2022 年全球经济增长预期由 2021 年的 5.9%下调至 4.4%；世界银行将 2022 年全球经济增长预期由 2021

年的 5.5% 下调至 4.1%，并将美国经济增速下调至 3.7%，欧元区增速下调至 4.2%。从我国经济来看，下行压力也在加大，2021 年增速达到主要经济体中最高，但逐季下行、前高后低趋势明显，国际货币基金组织将我国 2022 年经济增速预测值下调 0.8 个点至 4.8%。从行业来看，下行压力也将十分显著，2021 年收入和利润创历史新高，主要得益于原油及主要化学品价格的大幅度增长，高基数导致保增长的压力大增。

三、价格走势存不确定性

2021 年，大宗原材料和主要石化产品价格大幅度上涨为历年罕见：布伦特油价全年均价同比增幅为 69.4%，碳酸锂、多晶硅、双酚 A 全年均价上涨更是超过 100%，分别达到 157.3%、111.6%、102.2%，下游企业，尤其是中小企业纷纷被迫停工、减产、检修。2022 年，主要化工产品价格上涨幅度有限，将略低于 2021 年：从 2021 年 11 月起，产品价格开始回调，12 月回调趋势更加明显，油气开采业和化学品出厂价格分别环比下降 6.9% 和 2.1%，中国石油和化学工业联合会重点监测的无机化学品和有机化学品价格环比上涨种类较 11 月分别再降 21.7 个百分点和 4.6 个百分点。

四、供应链保障面临挑战

新冠肺炎疫情对全球供应链产生了严重影响，生产停滞、物流不畅，"一柜难求""一船难求"难以缓解。与此同时，我国自 2021 年 9 月开始实施"能耗双控"政策，受部分地方"一刀切"式加码"双控双限"影响，不少企业和园区遭遇限电、限产、停产，不仅威胁石化产业链供应链的稳定安全，而且直接威胁到生产装置、化工企业和园区的安全生产。

第四章

钢铁行业

第一节 基本判断

一、产量需求同比降低

（一）粗钢产量同比下降

2021 年，中国粗钢产量为 10.3 亿吨，同比下降 3.0%；生铁产量约为 8.7 亿吨，同比下降 4.3%；铁合金产量为 0.35 亿吨，同比降低 4.4%；钢材产量约为 13.4 亿吨，同比增长 0.6%；铁矿石原石产量约为 9.8 亿吨，同比增长 9.4%（见表 4-1）。

表 4-1　2021 年全国冶金企业主要产品产量

产　品	产量/亿吨	同比增长率/%
生铁	8.7	−4.3
粗钢	10.3	−3.0
钢材	13.4	0.6
铁矿石原石	9.8	9.4
铁合金	0.35	−4.4

（数据来源：国家统计局，2022 年 4 月）

从钢材细分品种产量看，2021 年钢筋、盘条（线材）、焊接钢管产量有所下降，冷轧薄板、中厚宽钢带产量较 2020 年有所增长，其中，冷轧薄板增幅达到 15.3%（见表 4-2）。

表 4-2　2020 和 2021 年中国钢材细分品种产量

品　种	2021 年	2020 年	同比增长率/%
钢筋/万吨	25 206.3	26 639.1	-5.4
盘条（线材）/万吨	15 585.1	16 655.6	-6.4
冷轧薄板/万吨	4510.9	3912.3	15.3
中厚宽钢带/万吨	17 932.7	17 046.1	5.2
焊接钢管/万吨	5883.2	6166.6	-4.6

（数据来源：Wind 数据库，2022 年 04 月）

　　从各地区钢铁生产情况来看，2021 年东部钢铁产量同比下降，中部和西部产量同比上升。2021 年东部的生铁、粗钢和钢材产量分别为 51 979.0 万吨、60 144.9 万吨、84 368.1 万吨，分别占全国生铁、粗钢和钢材总产量的 59.8%、58.2%、63.1%，同比分别下降 6.2%、5.6%、1.3%。中部的生铁、粗钢和钢材产量分别为 20 976.7 万吨、25 182.2 万吨、27 384.9 万吨，分别占全国生铁、粗钢和钢材总产量的 24.2%、24.4%、20.5%，生铁和钢材同比分别增长 0.7%、5.2%，粗钢产量同比降低 0.2%。西部的生铁、粗钢和钢材产量分别为 13 901.1 万吨、17 951.8 万吨、21 913.9 万吨，分别占全国生铁、粗钢和钢材总产量的 16.0%、17.4%、16.4%，同比分别增长 11.1%、9.9%、4.6%（见表 4-3）。

表 4-3　2021 年我国东部、中部、西部钢铁产品产量

区域	生　铁			粗　钢			钢　材		
	产量/万吨	同比增长率/%	占全国比重/%	产量/万吨	同比增长率/%	占全国比重/%	产量/万吨	同比增长率/%	占全国比重/%
东部	51 979.0	-6.2	59.8	60 144.9	-5.6	58.2	84 368.1	-1.3	63.1
中部	20 976.7	0.7	24.2	25 182.2	-0.2	24.4	27 384.9	5.2	20.5
西部	13 901.1	11.1	16.0	17 951.8	9.9	17.4	21 913.9	4.6	16.4
合计	86 856.8	-2.1	100.0	103 278.8	-1.9	100.0	133 666.9	0.9	100.0

（数据来源：国家统计局，2022 年 4 月）

（二）下游需求下降

　　钢铁行业下游的需求主要包括房地产、基建、机械、汽车行业、家电、管道、造船等。2021 年，钢铁行业实现供需动态平衡，累计粗钢表观消费量

约 9.92 亿吨，同比下降 5.3%。据兰格钢铁研究中心测算，2021 年我国钢材表观消费量为 9.39 亿吨，同比下降 5.7%。

二、行业投资快速增长

2021 年，我国黑色金属矿采选业固定资产投资额累计同比增长 26.9%，由负转正；黑色金属冶炼和压延加工业投资额同比增长 14.6%，实现连续三年增长（见表 4-4）。

表 4-4　2020 和 2021 年我国钢铁行业固定资产投资额累计同比增长情况

项　　目	2021 年投资额累计同比增长率/%	2020 年投资额累计同比增长率/%
黑色金属矿采选业	26.9	−10.3%
黑色金属冶炼和压延加工业	14.6	26.5

（数据来源：国家统计局，2022 年 04 月）

三、产品价格宽幅震荡

2021 年 1 月开始，价格指数震荡上行，到 5 月中旬达到年内最高点，随后价格迅速回落，6 月到 9 月持续震荡运行，9 月后价格上涨，10 月中旬到达年内次高点，随后迅速回调。以中钢协综合钢材价格指数为例，1 月 8 日，价格指数为 124.9，之后价格震荡上行，到 5 月中旬达到 174.8，较年初上涨 49.9，涨幅为 40.0%，随后回落，5 月底为 144.1，降幅为 17.6%，6 月到 9 月在 150 左右震荡运行，9 月初价格指数为 151.2，随后价格上涨，10 月中旬达到 159.1，随后价格快速回落，到 11 月下旬为 132.8，降幅为 16.5%，随后价格平稳运行，12 月底为 131.7，较年初上涨 5.4%。

图 4-1 是 2021 年中国钢材市场价格指数走势。

四、行业效益创历史最高

2021 年，钢铁行业效益创历史最高，据工信部统计，2021 年重点大中型钢铁企业累计营业收入 6.93 万亿元，同比增长 32.7%；累计利润总额 3524 亿元，同比增长 59.7%，创历史新高；销售利润率达到 5.08%，较 2020 年提高 0.85 个百分点。2020—2021 年黑色金属冶炼和压延加工业毛利率情况见图 4-2。

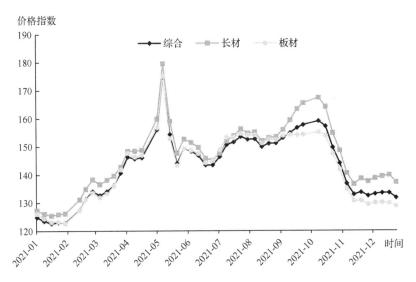

图 4-1　2021 年中国钢材市场价格指数走势

（数据来源：Wind 数据库，2022 年 04 月）

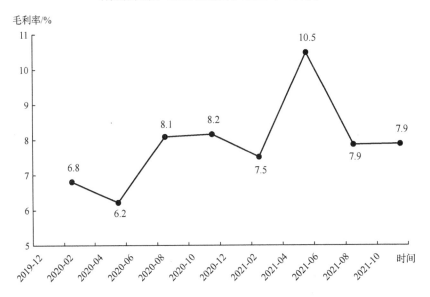

图 4-2　2020—2021 年黑色金属冶炼和压延加工业毛利率情况（季度值）

（数据来源：Wind 数据库，2022 年 04 月）

从偿债能力来看，2021 年黑色金属冶炼和压延加工业负债合计 41 772.9 亿元，同比增长 6.7%，资产负债率为 60.2%，比 2020 年同期下降 0.17 个百分点（见表 4-5）。

表 4-5　2021 年黑色金属冶炼和压延加工业负债率

项　目	2021 年	2020 年	同比增长率/%
负债合计/亿元	41 772.9	39 135.5	6.7
资产负债率/%	60.2	60.3	-0.17

（数据来源：Wind 数据库，2022 年 04 月）

五、钢材出口增长，进口下降

2021 年，中国进口钢材 1427.0 万吨，同比下降 29.5%，钢材进口金额为 169.9 亿美元，同比增长 4.0%。（见表 4-6），出口钢材 6690.0 万吨，同比增长 24.7%，出口金额为 746.8 亿美元，同比增长 79.1%。

表 4-6　2021 年中国钢材进出口情况

项　目		2021 年	2020 年	同比增长率/%
进口	钢材/万吨	1427.0	2023.0	-29.5
	金额（钢材）/亿美元	169.9	163.4	4.0
出口	钢材/万吨	6690.0	5367.0	24.7
	金额（钢材）/亿美元	746.8	417.0	79.1

（数据来源：Wind 数据库，2022 年 04 月）

分品种来看，2021 年，中国棒材出口 777.0 万吨，同比增长 12.6%；角型材出口 257.0 万吨，同比下降 8.5%；板材出口 4509.0 万吨，同比增长 37.8%；线材出口 206.0 万吨，同比增长 1.5%；管材出口 753.6 万吨，同比增长 2.7%（见表 4-7）。

表 4-7　2020—2021 年中国钢材分品种出口情况

品　种	2021 年	2020 年	同比增长率/%
钢材/万吨	6690.0	5367.0	24.7
棒材/万吨	777.0	690.0	12.6
角型材/万吨	257.0	281.0	-8.5
板材/万吨	4509.0	3273.0	37.8
线材/万吨	206.0	203.0	1.5
管材/万吨	753.6	734.1	2.7

（数据来源：Wind 数据库，2022 年 04 月）

第二节 需要关注的几个问题

一、加强铁矿石资源保障

我国是全球钢铁生产和消费大国，粗钢产量占全球的 53%。然而上游原料铁矿石严重受制于人，长期依赖进口，缺乏铁矿石定价权，2021 年我国铁矿石对外依赖度高达 76.2%。2021 年，铁矿石价格暴涨暴跌对我国钢铁行业运行造成严重冲击。铁矿石资源保障能力不足已经成为制约我国钢铁产业稳定安全发展的重要因素。

一是要进一步强化国内铁矿资源开发，加强国内铁矿找矿、勘探力度，加快新型矿山基地建设。

二是稳步推进海外矿山基地建设，增加海外优质权益矿比例。

三是加强废钢资源的梳理、回收、加工和流通，推进废钢资源高值高效利用。

二、降低钢铁行业碳排放

钢铁行业是传统高能耗、高排放的行业，我国钢铁行业碳排放量仅次于电力行业，推进钢铁行业低碳转型是实现碳达峰、碳中和的重要举措。

一是要持续压减粗钢产量，严禁新增钢铁产能，严防"地条钢"死灰复燃和已化解过剩产能复产。

二是要进一步加强钢铁行业超低排放改造，加强低碳绿色技术的研发和应用推广，推进钢铁与建材、有色金属等行业耦合发展。

三是要推进电炉炼钢发展，提高废钢资源高质高效利用。

三、持续提升钢铁产业集中度

近年来，我国钢铁企业兼并重组持续推进，2021 年鞍钢重组本钢，宝武重组昆钢，普阳钢铁重组邢钢等事件促进了我国钢铁产业集中度的提升。2021 年，前 10 家钢铁企业粗钢产量占全国比重已达到 41.5%，较 2016 年提升 5.6 个百分点。但总体而言，我国钢铁产业仍存在集中度不高、企业话语权不强的问题。要持续推进钢铁产业集中度提升，支持鼓励钢铁企业加快实施跨区域、跨所有制兼并重组。

第五章

有色金属行业

2021年，我国十种有色金属产量平稳增长，产能继续向西南和内蒙古地区转移，固定资产投资实现正增长，主要品种价格高位运行，采选业和冶炼及压延加工业效益大幅度好转，贸易总额大幅度增长，但主要产品进出口出现分化，铜材、铝材出口大幅度增长，铜原料进口大幅度增加，铝原料进口下降，行业仍面临主要品种价格大幅度上涨、关键有色金属持续稳定供应风险等问题。

第一节　基本判断

一、十种有色金属产量平稳增长

（一）生产情况

2021年，我国十种有色金属产量达到6454.3万吨，同比增长5.4%，增速与上年持平（见图5-1）。

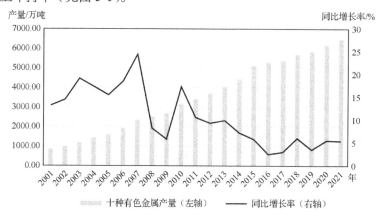

图5-1　2001—2021年我国十种有色金属产量及同比增长率

（数据来源：国家统计局，2022年4月）

从表 5-1 可以看出，2021 年，我国铜、铝、铅、锌产量分别达到 1048.7 万吨、3850.3 万吨、736.5 万吨、656.1 万吨，较上年同期分别增长 4.6%、3.8%、14.3%、2.1%。

表 5-1　2020—2021 年主要有色金属产品生产情况

品　　种	2021 年		2020 年	
	产量/万吨	同比增长率/%	产量/万吨	同比增长率/%
铜	1048.7	4.6	1002.5	7.4
铝	3850.3	3.8	3708.0	4.9
铅	736.5	14.3	644.3	9.4
锌	656.1	2.1	642.5	2.7

（数据来源：国家统计局，2022 年 4 月）

产能逐渐向西南和西北地区转移，产量大省依次是山东、内蒙古、新疆、云南、广西、河南、甘肃、青海和安徽，2021 年十种有色金属产量分别为 903.5 万吨、745.8 万吨、640.1 万吨、571.6 万吨、427.7 万吨、423.6 万吨、358.4 万吨、298.4 万吨、297.5 万吨。其中，山东产量同比减少 2.8%，安徽、云南、青海、新疆、广西产量分别同比增加 32.4%、11.7%、11.1%、4.3% 和 3.4%（见表 5-2）。

表 5-2　2020—2021 年部分省市十种有色金属产品生产情况

省（市）	2021 年		2020 年	
	产量/万吨	同比增长率/%	产量/万吨	同比增长率/%
天津	0.1	-88.9	0.9	-34.3
河北	3.7	-7.5	4.0	-1.0
山西	126.1	28.9	97.8	-6.3
内蒙古	745.8	2.8	725.5	14.3
辽宁	103.7	-16.8	124.6	-2.5
吉林	10.4	-17.5	12.6	-3.6
黑龙江	15.5	17.4	13.2	469.7
上海	0.0	—	0.0	-100.0
江苏	87.9	-9.7	97.3	34.1

续表

省（市）	2021 年		2020 年	
	产量/万吨	同比增长率/%	产量/万吨	同比增长率/%
浙江	60.4	11.4	54.2	-14.1
安徽	297.5	32.4	224.6	11.1
福建	89.6	21	74.0	0.8
江西	218.9	8.0	202.5	8.5
山东	903.5	-2.8	929.2	-3.7
河南	423.6	1.2	418.6	-3.9
湖北	94.8	17.6	80.6	-6.1
湖南	233.2	8.5	215.0	10.9
广东	50.0	8.5	46.1	7.4
广西	427.7	3.4	413.7	10.7
重庆	57.3	1.8	56.3	-9.6
四川	149.3	23.9	120.5	24.2
贵州	142.8	-12.6	163.4	5.4
云南	571.6	11.7	511.4	26.3
西藏	0.8	-11.1	0.9	-1.6
陕西	211.8	-4.2	221.2	7.7
甘肃	358.4	2.2	350.6	6.6
青海	298.4	11.1	268.4	7.0
宁夏	131.3	3.2	127.2	-4.6
新疆	640.1	4.3	613.8	-0.9

（数据来源：国家统计局，2022 年 4 月）

二、固定资产投资实现正增长

2021 年全年行业完成固定资产投资 6535.6 亿元，同比增长 4.1%，但仍低于全社会固定资产投资增速，较全社会固定资产投资名义同比增速减少 0.8 个百分点。其中，有色金属矿采选业、有色金属冶炼及压延加工行业固定资产投资额同比分别增长 1.9% 和 4.6%。

三、主要品种价格高位运行

2021 年，铅价格小幅度上涨，铜、铝、锌价格上涨幅度较大。12 月底，铜、铝、锌、铅价格较 1 月初分别上涨 20.1%、29.8%、12.6% 和 1.3%，达到 70 010 元/吨、20 360 元/吨、24 650 元/吨和 15 350 元/吨，全年最高价格达到 77 050 元/吨、24 240 元/吨、28 250 元/吨、16 200 元/吨，现货全年均价分别为 68 655 元/吨、18 898 元/吨、22 976 元/吨和 15 365 元/吨，同比分别上涨 40.4%、33.2%、21.9% 和 3.4%（见图 5-2）。

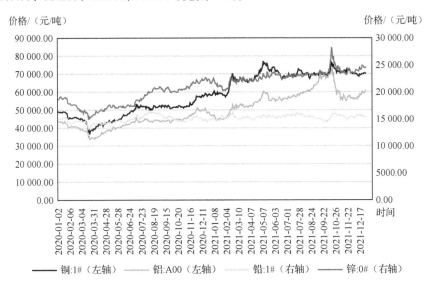

图 5-2　2020—2021 年铜、铝、铅、锌价格走势（长江有色金属平均价）

（数据来源：Wind，2022 年 4 月）

四、采选业和冶炼及压延加工业利润大幅度增长

2021 年行业效益大幅度好转，实现利润 3645 亿元，同比增长 101.9%。其中，有色金属矿采选业实现利润 513.7 亿元，同比增长 44.5%；有色金属冶炼及压延加工业实现利润 3131.2 亿元，同比增长 115.9%（见表 5-3）。

表 5-3　2011—2021 年有色金属行业实现利润情况

时　　间	有色金属矿采选业		有色金属冶炼及压延加工业	
	利润/亿元	同比增长率/%	利润/亿元	同比增长率/%
2011 年	775.5	52.3	1713.5	51.3
2012 年	764.4	-0.2	1427.4	-10.4
2013 年	628.0	-17.2	1445.5	0.1
2014 年	563.4	-10.7	1490.0	2.5

续表

时 间	有色金属矿采选业		有色金属冶炼及压延加工业	
	利润/亿元	同比增长率/%	利润/亿元	同比增长率/%
2015 年	450.3	−19.3	1348.8	−11.0
2016 年	483.3	9.7	1947.0	42.9
2017 年	527.2	23.5	2023.9	28.6
2018 年	419.8	0.2	1397.1	−9.0
2019 年	301.5	−28.8	1261.0	1.2
2020 年	353.7	14.7	1479.5	20.3
2021 年	513.7	44.5	3131.2	115.9

（数据来源：国家统计局，2022 年 4 月）

有色金属行业亏损额和亏损面持续减少。全行业纳入统计的 9033 家企业中，亏损面达到 18.2%，同比减少 3.4 个百分点。从亏损面来看，有色金属矿采选业和冶炼及压延加工业亏损面分别为 23.3%、17.4%，同比分别减少 3 个百分点、3.5 个百分点。从亏损额来看，有色金属矿采选业和冶炼及压延加工业亏损额分别为 76.5 亿元、222.1 亿元，同比分别增加 19.6 亿元和减少 114.9 亿元（见表 5-4）。

表 5-4　2011—2021 年有色金属行业亏损情况

时 间	有色金属矿采选业			有色金属冶炼及压延加工业		
	企业总数/个	亏损企业数/个	亏损额/亿元	企业总数/个	亏损企业数/个	亏损额/亿元
2011 年	2045	135	7.0	6629	878	136.1
2012 年	2122	223	17.0	6746	1222	306.5
2013 年	2108	295	29.5	7168	1281	322.5
2014 年	2037	321	33.9	7236	1294	378.7
2015 年	1949	435	58.9	7321	1520	507.8
2016 年	1797	381	47.3	7176	1132	243.2
2017 年	1674	290	34.3	7215	1143	230.8
2018 年	1456	315	49.6	6942	1418	400.7
2019 年	1272	329	63.2	7167	1568	392.2
2020 年	1218	320	56.9	7391	1541	337.0
2021 年	1204	280	76.5	7829	1362	222.1

（数据来源：国家统计局，2022 年 4 月）

五、进出口贸易额大幅度增长，铜原料进口大幅度增加，铝原料进口下降，铜材、铝材出口大幅度增长

2021 年，我国有色金属进出口贸易总额同比增长 67.8%，达到 2616.2 亿美元。其中，铜精矿、未锻轧铜及铜材进口额较上年同期增长 55.6%、20.5%，分别达到 567.6 亿美元、524.5 亿美元；未锻轧铝及铝材出口额较上年同期增长 48.7%，达到 194.7 亿美元；三者合计达到 1286.8 亿美元，约占我国有色金属进出口总额的 49.2%。

我国铜精矿、再生铜废料进口量较上年同期分别增长 7.6%、79.6%，达到 2340.4 万吨、169.3 万吨。未锻轧铜及铜材进口量较上年同期下降 17.2%，达到 552.9 万吨。其中，粗铜、精炼铜、铜材进口量较上年同期分别下降 9%、22.3%、7.4%，达到 93.7 万吨、362.7 万吨、56.4 万吨。未锻轧铜及铜材出口量较上年同期增长 25.2%，达到 93.2 万吨。

我国铝土矿、氧化铝进口量较上年同期分别下降 3.8%、12.6%，达到 10 737 万吨、333 万吨。再生铝废料进口量较上年同期增长 24.9%，达到 103 万吨。未锻轧铝进口量较上年同期增长 19%，达到 273 万吨。铝材出口量较上年同期增长 17.9%，达到 546 万吨。

第二节　需要关注的几个问题

一、主要有色金属品种价格大幅度上涨

2021 年以来，金球经济复苏，导致需求回暖，同时铜精矿等部分大宗原材料被垄断，加之资本炒作影响，部分大宗商品价格持续上涨，带动有色金属价格高位运行，给中下游制造企业和中小企业带来了较大冲击。

二、关键有色金属持续稳定供应风险

我国铌、锆、铂族等对外依存度超过 98%；钴、镍对外依存度超过 80%；锂、铜、铝对外依存度在 70% 以上，钴、贵金属、铝土矿、镍矿、铌钽锆钒矿、锡矿、铜矿 7 类有色金属进口量超过全球一半。受新冠肺炎疫情、地缘冲突不断、中美博弈加剧等因素的影响，我国关键有色金属持续稳定供应风险加大。

三、碳达峰对有色金属行业的影响

我国有色金属行业二氧化碳总排放量约 6.5 亿吨，占全国总排放量的 6.5%。其中，铝冶炼行业排放占比 77%左右，铜、铅、锌等其他有色金属冶炼业约占 9%，铜、铝压延加工业约占 10%。有色金属行业碳达峰是我国工业实现碳达峰的关键，应高度关注碳达峰碳中和对有色金属行业冶炼产能、产业布局、颠覆性创新、再生金属行业的影响。

第六章

建材行业

第一节　基本判断

一、生产总体保持平稳

2021 年是"十四五"开局之年，也是我国开启"双碳"行动的元年，建材行业克服新冠肺炎疫情多点散发、原燃料价格快速上涨、限产限电等诸多影响，经济运行总体保持平稳较好的发展态势，全行业工业增加值同比增长 8%。

（一）水泥行业

2021 年，全年水泥产量 23.6 亿吨，较上年减少 0.2 亿吨，同比下降 1.2%。从各季度看，第一季度全国水泥产量 4.39 亿吨，同比增长 47.3%，较 2019 年第一季度增长 12.1%，已经恢复至历史同期较好水平，上半年同比增长 14.3%。第三季度能耗"双控"政策实施，导致下半年水泥生产缓慢下降，水泥月产量同比连续下降，9 月以后下降幅度超过 10%，全年产量下降 1.2%。

从各区域看，除华东和中南地区保持增长态势外，其余地区均呈现下降趋势。其中，华东、中南地区产量增速分别为 2.9%和 0.3%，东北、西南地区产量同比降幅分别高达 8.6%和 8.5%。从具体省份看，全国有 18 个省、直辖市和自治区产量出现同比下降趋势，其中，云南、贵州、西藏的下滑幅度均达到两位数。从产量总体排名看，广东省、山东省、江苏省排名前三，产量均超过 1.5 亿吨，其中，广东省排名第一，产量达到 1.7 亿吨。

图 6-1 是 2011—2021 年我国水泥产量及同比增速。

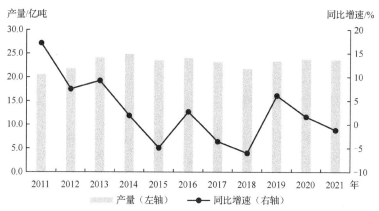

图 6-1　2011—2021 年我国水泥产量及同比增速

（数据来源：Wind 数据库，2022 年 4 月）

（二）平板玻璃行业

2021 年，我国平板玻璃产量 10.17 亿重量箱，实现同比增长 8.4%，与
2020 年相比，涨幅较大（见图 6-2）。

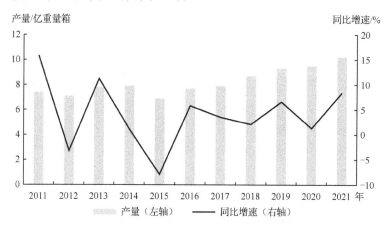

图 6-2　2011—2021 年我国平板玻璃产量及同比增速

（数据来源：Wind 数据库，2022 年 4 月）

从各区域看，平板玻璃产量主要集中在华东地区、华北地区，2021 年华
东地区、华北地区产量合计 27 477.81 万重量箱，产量占比 45.9%。此外，华
中地区、华南地区、西南地区平板玻璃产量占比均超 10%，分别为 16.2%、
14.9%、12.1%。东北地区、西北地区平板玻璃产量占比较小。

从省份看，平板玻璃产量排名全国前十的省分别是河北省、广东省、湖北省、山东省、四川省、福建省、辽宁省、浙江省、安徽省、湖南省。其中，河北省排名第一位，2021 年产量为 1.3 亿重量箱，产量超 1 亿重量箱的有三个省，分别是河北省、广东省和湖北省。

二、产品价格上涨明显

2021 年，建材产品价格受能耗双控、煤价上涨等因素影响，价格波动较大，但总体呈现上涨态势，建材及非金属矿工业产品的全年平均出厂价格同比上涨 4.1%，其中，平板玻璃涨幅高达 35.1%。

（一）水泥行业

2021 年，全国水泥市场平均价格为 486 元/吨，同比增长 10.7%，在生产成本大幅度上涨和供给收缩的背景下，水泥价格整体上移，价位创历史新高。

2021 年，全国水泥价格指数先抑后扬走势明显，价格重心整体抬升，截至 12 月底，P.O42.5 散装水泥均价 559.63 元/吨，实现同比上涨 19.2%。具体来看，1—3 月水泥行业处于传统淡季，需求偏弱，价格涨少跌多，整体震荡向下，3 月到 5 月中旬，随着下游需求的上升，水泥价格涨多跌少，整体震荡向上，进入 5 月下旬经 6 月、7 月，在梅雨、高温等不利天气因素影响下，水泥价格一路向下，8 月初逐步企稳开始反弹上涨，9 月受能耗双控影响限电限产，水泥价格一路狂飙，单月涨幅达到历史最大，10 月中下旬需求提前见顶，叠加水泥价格处于高位，行情进入下行通道并阴跌不止，整体来看，当前水泥价格处于历史高位，价格重心有所抬升。

分区域来看，中南地区全年价位最高，年度均价达 533 元/吨，西南地区价位最低，年度均价为 421 元/吨。从涨幅看，东北地区涨幅最大，同比上涨 38.9%，西南地区和中南地区紧随其后，涨幅分别为 9.5% 和 9.2%，西北地区涨幅最小，仅为 5.5%。

（二）平板玻璃行业

2021 年，受市场需求影响，平板玻璃价格大幅度上涨，全年平均出厂价格同比上涨 35.1%。9 月平均出厂价最高，为 143.4 元/重量箱。

平板玻璃行业经过多年的供给侧结构性改革，严控产能，面对需求超预期，产品价格涨幅明显。前三季度，平板玻璃价格表现出稳健增长态势，价格从 1—2 月的 102.5 元/重量箱增长至 9 月的 143.4 元/重量箱，属于近年来高点。进入第四季度，随着下游需求的回落，价格呈现明显的下降趋势，但整体价格仍高于第一季度，12月平板玻璃价格达到114.7元/重量箱，同比增长约20%（见图6-3）。

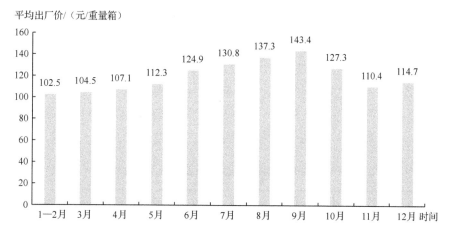

图6-3　2021年全国平板玻璃月平均出厂价

（数据来源：智研咨询，2022年4月）

三、经济效益稳中有升

2021年，规模以上建材企业营业收入6.6万亿元，较上年增加1万亿元，同比增长13.5%。其中，水泥行业营业收入10 754亿元，较上年增加794亿元，同比增长7.3%；平板玻璃行业营业收入1184亿元，较上年增加258亿元，同比增长28.1%。

从利润看，规模以上建材企业利润总额5754亿元，较上年增加883亿元，同比增长14.7%。其中，水泥行业利润总额1694亿元，较上年减少139亿元，同比下降10.0%；平板玻璃行业利润总额247亿元，较上年增加117亿元，同比增长89.3%。

平板玻璃行业经济效益表现亮眼，经过多年的供给侧结构性改革，严控产能，面对今年大量新竣工项目导致玻璃需求出现爆发式增长，需求超预期，经济效益大幅度增长。从全年看，呈现前高后低的运行趋势，第一季度营业收入及利润总额同比分别出现爆发性增长，第二季度涨幅有所放缓，上半年营业收入、利润总额同比分别增长46.2%、155.0%。

水泥行业生产经营总体保持平稳，受市场走弱、大宗原材料价格快速波动等因素影响，行业利润总额同比下降。

四、进出口形势较好

2021 年，建材及非金属矿商品进出口额大幅度增长。1—11 月，建材及非金属矿商品出口额 421.3 亿美元，同比增长 23.5%，进口额 256.9 亿美元，同比增长 36.6%。

从具体产品看，水泥及水泥熟料进出口均不及预期，呈现同比下滑态势，2021 年全国水泥及水泥熟料出口量跌至 220 万吨，同比下降 29.6%，出口额 1.81 亿美元，同比下降 17.7%。水泥熟料进口量在连续三年上涨后首次出现下降，同比下降 16.9%（见表 6-1）。进口下降的主要原因是海运费用大幅度上涨，贸易成本增加，进口动力减弱。

表 6-1 2021 年主要水泥产品进口量及同比增幅

商品名称	进口量		同比增幅/%	
	进口数量/万吨	进口额/万美元	数量增幅	进口额增幅
水泥	358.5	19 339.1	-0.6	11.1
水泥熟料	2771.9	141 769.8	-16.9	5.5
白水泥	0.7	157.5	40.0	27.4
其他硅酸盐水泥	356.8	18 558.0	-0.7	11.8
矾土水泥	1.0	599.5	-9.1	-11.0

（数据来源：Wind 数据库，2022 年 4 月）

从平板玻璃行业看，受全球范围内新冠肺炎疫情等因素影响，国际玻璃市场需求有所减弱，2021 年我国玻璃产品出口量低、价高特征明显，其中，出口量为 108.5 万吨，同比下降 21.7%，出口额同比增长 44.0%，全年平均离岸价格比去年上涨 20.4%，这也是出口额增长的主要原因。2021 年我国进口平板玻璃产品 84.5 万吨，增长 0.23%，进口额价值 37.4 亿美元，同比下降 1.7%。

第二节 需要关注的几个问题

一、生产成本居高不下，企业压力大

建材行业是典型的资源能源型产业，对大宗物料价格敏感。今年以来，煤炭、矿产等大宗产品价格上涨明显，建材企业生产成本居高不下。从燃料看，建材行业使用的燃料以煤炭、天然气为主，今年以来煤炭、天然气价格上涨明显，其中，煤炭价格一度超过 2000 元/吨，天然气价格同比涨幅超过50%，企业燃料成本上升明显。从原材料看，石油沥青、纯碱、环氧树脂、钢筋等产品是防水材料、玻璃、复合材料、水泥制品等产品的重要原材料，今年以来其价格上涨直接推高企业的用料成本，水泥、水泥制品、防水材料等多个行业的利润同比明显下降。第三季度以来虽然大宗商品的价格均出现下调，但建材企业使用成本仍处于高位，给建材企业生产成本带来较大压力。

二、行业、企业分化持续加大

受市场分化影响，建材各行业运行呈现较为明显的分化。建筑工程市场需求不足，导致水泥、水泥制品、砖瓦等产品出厂价格走弱，1—11 月建筑工程用建材产品平均出厂价格同比小幅度上涨 1.3%；房地产政策调整及装饰装修市场仍未完全恢复，房屋建筑用建材产品需求动力不足，平均出厂价格同比持平；汽车、光伏电池及电子电气类产品产量大幅度增长，带动玻璃、玻璃纤维制品、非金属矿等工业用产品价格大幅度上涨。同时，在市场需求趋弱、节能环保压力加大、要素价格剧烈波动等影响下，头部企业竞争力凸显，企业分化进一步加大，2021 年前三季度，56 家以建材为主营业务的上市公司营业收入占同期规模以上建材行业营业收入的比重为 20.3%，利润总额占比 40.9%。

三、面临较大的减排压力

2021 年 1 月，生态环境部公布的《关于统筹和加强应对气候变化与生态环境保护相关工作的指导意见》提出，"十四五"期间将全力推进碳达峰行动，制定《2030 年前碳达峰行动方案》，预计未来环保政策的标准、执行力度及监管力度将会长期持续并越来越严。建材作为典型的资源能源消耗型和排放型产业，随着环保标准的不断提高，受到的环保约束也将不断增强，一方面对产品本身的环保、节能功能提出了更高要求，另一方面对产品生产过程中的工艺技术也提出了更高的绿色要求。

第七章

稀土行业

第一节　基本判断

一、市场供需分析

从市场供给层面看，2021 年，我国稀土开采和冶炼分离总量控制指标分别为 16.8 万吨和 16.2 万吨（见表 7-1），与 2020 年相比，开采和冶炼分离总量控制指标同比分别均增长 20%。其中，以轻稀土为主的岩矿型稀土矿指标为 14.885 万吨，同比增长约 23.2%；以中重稀土为主的离子型稀土矿指标为 1.915 万吨，同比增长 0%。北方稀土开采量环比增加 1.209 万吨，涨幅 27.40%；冶炼量环比增加 1.3103 万吨，涨幅 34.24%。除北方稀土之外，其他企业不论是轻稀土还是重稀土，环比配额量都略有下降。2021 年，北方稀土开采量占全国稀土总开采量的 59.73%，冶炼量占全国总冶炼量的 55.32%。为加大轻稀土产品供应，满足更大的市场需求，占有更多的国际市场份额，2021 年轻稀土矿配额增多。受环保资源的限制，中重离子型稀土矿配额近几年一直保持稳定在低位运行。

表 7-1　2016—2021 年中国稀土开采和冶炼分离总量控制指标（单位：万吨）

年　份	2016	2017	2018	2019	2020	2021
矿产品开采总量指标	10.5	10.5	12	13.2	14	16.8
岩矿型稀土矿	8.71	8.71	10.085	11.285	12.085	14.885
离子型稀土矿	1.79	1.79	1.915	1.915	1.915	1.915
冶炼分离产品指标	10	10	11.5	12.7	13.5	16.2

（数据来源：工业和信息化部，赛迪智库整理，2022 年 4 月）

　　本次总量控制指标的调整有两个特点：一是离子型稀土矿的开采指标连续两年没有做调整，保持 2019 年的水平。其次，岩矿型稀土矿调整增量依然不是在各大集团间进行平均分配，而是根据实际情况进行了增减调整。2021 年稀土开采和冶炼分离总量控制指标增加了 28 000 吨的额度，主要分配给中国南方稀土集团有限公司（简称南方稀土）和中国北方稀土（集团）高科技股份有限公司（简称北方稀土），其中，南方稀土的稀土开采增量为 4.29%，北方稀土则占到 95.71%。2021 年总量控制计划下达的时间与 2020 年相近。在分配方式上，继续采用上、下半年平均下达的方式。

　　从市场需求层面看，稀土总体消费需求量从 1987 年的 0.488 万吨增长到 2021 年的 13.7 万吨（REO）。新材料领域的稀土消费需求从 1987 年的 0.005 万吨（REO）增长到 2021 年的 9.04 万吨（REO），达到峰值。2021 年，新材料领域的稀土消费需求量占稀土产品总消费需求量的比重达到 66%。我国稀土产品在冶金机械，石油化工，玻璃陶瓷，农业、轻工、纺织等传统产业领域的消费需求量增长到 2021 年的峰值 4.66 万吨（REO），其占比分别为 12%、9.0%、8.0% 和 5%。

　　图 7-1 是我国稀土消费结构变化趋势。

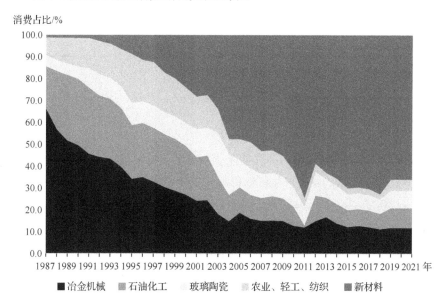

图 7-1　我国稀土消费结构变化趋势

2021 年，受下游及终端应用领域需求拉动的影响，我国稀土功能材料发展势头良好。除新材料外，围绕制造强国战略重点发展的九大领域，包括新一代信息技术、高端装备制造、新能源汽车、智能制造等新兴领域，稀土功能材料能够提供重要的支撑和保障。

2015—2021 年度稀土功能材料产量见表 7-2。

表 7-2　2015—2021 年度稀土功能材料产量

年　　份		2015	2016	2017	2018	2019	2020	2021
磁性材料	毛坯/万吨	14	14.1	14.8	15.5	17	17.85	20.71
	磁材/万吨	11	11.38	11.84	12.1	10.3	—	—
石油催化裂化材料/万吨		20	20	20	20	20.8	20	23
尾气净化催化材料/万升		2900	3800	4000	5600	1720	1450	1440
储氢材料/吨		8100	8300	9000	9000	8650	10 092	10 778
抛光材料/万吨		2	2.2	2.8	2.9	3.217	3.109	4.417
发光材料	三基色/吨	2200	2000	1600	1500	1200	1113	831
	LED/吨	130	200	380	400	480	439	698
	长余辉材料/吨	210	210	220	300	580	242.8	262.5
稀土硅铁合金/吨		38 600	36 000	40 000	42 000	26 702	22 637	—

（数据来源：中国稀土行业协会，赛迪智库整理，2022 年 4 月）

二、产品价格走势

从稀土价格指数看：

2021 年稀土产品价格总体在需求强力拉动下持续增加，新冠肺炎疫情几乎没有对稀土市场的走势产生任何影响，当然这在很大程度上是因为全球稀土功能材料的主要部分都在中国，而中国的产能在强大的疫情防控体系保护下，基本上没有受到疫情影响。总体而言，2021 年上涨幅度比 2020 年要大得多，除应用量极小和应用量已经大幅度萎缩的产品之外，主要的稀土产品均有大幅度增长，并且这些增长的来源主要是下游需求拉动。在全球稀土增量十分可观的情况下（5 万～6 万吨），稀土产品的需求依然坚挺，并且在年终也没有显现出弱化的趋势。

图 7-2 是 2021 年稀土价格指数。

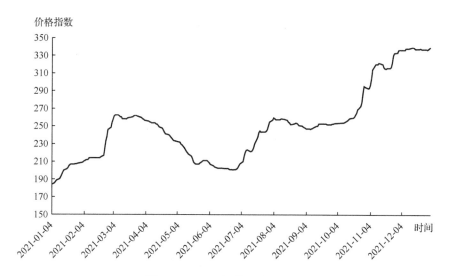

图 7-2　2021 年稀土价格指数

（数据来源：中国稀土行业协会，Wind 数据库，赛迪智库整理，2022 年 4 月）

从具体稀土产品价格走势来看：

稀土产品价格上涨对上游矿产品的需求也持续增加。从矿产品看，疫情对其价格存在一定影响，其中对轻稀土的影响要比重稀土的影响小得多。全年仅在第三季度短暂调整，其余时间稀土矿产品均快速上涨。

中钇富铕矿在 1—4 月一直上涨，4—6 月向下调整，但是 6 月以后开始了持续上涨，年底达到了数年来的最高位。碳酸稀土总体趋势上与中钇富铕矿相似，其微妙的差异在于碳酸稀土对于市场的敏感程度低很多，所以出现了一条非常平滑的上涨曲线。

对于镧铈产品而言，其长期的结构性过剩特性，使其在稀土矿产品因为价格增长而扩大供应量的时候反而会出现价格下行的趋势。但是在 2021 年这一趋势并不明显，这是因为除主流的镨钕产品需求大幅度增加之外，镧铈产品的需求也出现了高速增长的趋势，催化、抛光、稀土储氢材料都出现了非常可观的上涨。

与磁性材料相关的镨钕、铽镝产品，在 2021 年因为其各自在磁性材料中的作用和可替代程度的不同走出了略有不同的价格趋势。其中，镨钕产品在年初开始走强，5 月有所调整，6 月以后则一路走强，年末镨钕产品达到100 万元以上的价格。

铽、镝产品在大趋势上和镨钕产品基本一致，但是铽产品的波动幅度比镝产品大得多，上涨的刚性也更强。这主要还是由于铽比镝的可替代性更低，且稀缺性更高。

　　氧化镝产品由于需求情况没有得到明显改观，仅在 2021 年年中受到了短期影响，这与 2020 年的情况相近。

　　表 7-3 列出了 2021 年 1—12 月我国具体稀土产品平均价格。

表 7-3　　2021 年 1—12 月我国具体稀土产品平均价格（单位：元/千克）

产品名	纯度	1 月	2 月	3 月	4 月	5 月	6 月
氧化镧	≥99%	10.00	10.00	10.00	10.00	10.00	10.00
氧化铈	≥99%	10.00	10.00	10.00	10.00	10.00	10.00
氧化镨	≥99%	387.80	420.18	506.61	532.32	526.00	520.71
氧化钕	≥99%	545.85	589.76	675.87	578.23	518.74	479.33
氧化钐	≥99.9%	13.00	13.00	13.00	13.00	13.00	13.00
氧化铕	≥99.99%	214.75	220.00	220.00	211.59	200.47	198.00
氧化钆	≥99%	187.80	200.82	237.91	216.45	189.68	188.00
钆铁	≥99% Gd75% ±2%	187.85	200.82	236.96	217.45	191.84	189.81
氧化铽	≥99.9%	8264.75	8911.18	9889.13	9014.55	6942.37	6327.86
氧化镝	≥99%	2104.00	2420.59	2987.83	2948.64	2449.74	2337.38
镝铁	≥99% Dy80%	2076.75	2392.65	2945.65	2912.73	2429.21	2319.52
氧化钬	≥99.5%	640.05	765.00	1003.52	881.77	695.63	650.76
钬铁	≥99% Ho80%	654.55	779.94	1017.65	893.23	707.16	660.52
氧化铒	≥99%	170.50	172.65	199.13	215.86	206.47	194.71
氧化镱	≥99.99%	102.00	102.00	102.00	102.00	102.00	102.00
氧化镥	≥99.9%	4650.00	4650.00	4923.91	5175.00	5175.00	5175.00
氧化钇	≥99.999%	21.90	33.65	43.61	37.82	36.05	35.00
氧化镨钕	≥99% $Nd_2O_3$75%	438.95	480.94	580.17	563.95	504.89	472.24
镨钕金属	≥99% Nd 75%	545.35	595.41	720.35	693.64	623.00	582.19

续表

产品名	纯度	7月	8月	9月	10月	11月	12月
氧化镧	≥99%	10.00	10.00	10.00	10.00	10.00	10.00
氧化铈	≥99%	10.00	10.00	10.00	10.00	10.00	10.00
氧化镨	≥99%	566.73	646.09	640.00	678.65	819.23	881.26
氧化钕	≥99%	545.00	623.41	620.89	658.35	807.64	892.04
氧化钐	≥99.9%	13.00	13.00	13.00	13.00	22.05	28.09
氧化铕	≥99.99%	198.00	198.00	198.00	198.00	198.00	198.00
氧化钆	≥99%	232.05	260.05	253.37	285.88	378.36	454.70
钆铁	≥99% Gd75%±2%	230.14	260.45	254.47	282.12	373.14	444.00
氧化铽	≥99.9%	7201.14	8384.09	8229.21	9082.94	10 905.23	11 169.13
氧化镝	≥99%	2512.50	2655.23	2625.79	2749.41	2943.18	2914.13
镝铁	≥99% Dy80%	2491.14	2636.14	2606.84	2730.29	2928.18	2915.00
氧化钬	≥99.5%	790.55	944.82	928.42	1035.76	1175.55	1256.04
钬铁	≥99% Ho80%	803.77	956.41	951.84	1050.76	1189.55	1268.78
氧化铒	≥99%	195.68	203.09	204	271.41	341.95	351.04
氧化镱	≥99.99%	102.00	102.00	102	102.00	102.00	102.00
氧化镥	≥99.9%	5175.00	5163.64	5050.00	5050.00	5269.32	5300.00
氧化钇	≥99.999%	35.00	37.73	42.00	46.82	56.91	67.74
氧化镨钕	≥99% $Nd_2O_3$75%	555.73	618.95	598.79	640.94	787.68	849.87
镨钕金属	≥99%Nd 75%	687.09	768.27	741.63	786.41	960.82	1040.3

（数据来源：稀土行业协会，赛迪智库整理，2022 年 4 月）

与历史价格相比，2021 年钬铁、氧化钬、氧化铽、镨钕金属、氧化钕、氧化镨、氧化镨钕、氧化镥等平均价格均有大幅度上涨。

2014—2021 年我国具体稀土产品平均价格比较如图 7-3 所示。

三、经济效益分析

根据 2021 年相关公司年报，北方稀土的营业总收入达到 304.08 亿元，实现利润总额 66.96 亿元（见表 7-4）。受稀土价格上涨影响，6 家稀土集团主营业务收入和利润总额均实现增长。稀土深加工应用企业中横店东磁所获利润总额最高。

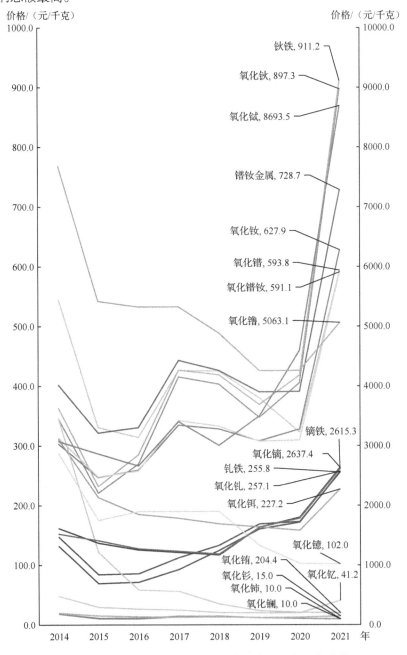

图 7-3　2014—2021 年我国具体稀土产品平均价格比较
（数据来源：中国稀土行业协会，赛迪智库整理，2022 年 4 月）

表 7-4　稀土上市公司 2021 年业绩比较

上市公司	营业总收入/亿元	同比增长率/%	利润总额/亿元	同比增长率/%
北方稀土	304.08	38.83	66.96	449.67
广晟有色	160.99	54.34	2.01	230.81
厦门钨业	318.52	67.96	19.38	80.15
五矿稀土	—	—	—	—
中科三环	71.46	53.6	6.07	185.61
宁波韵升	37.54	56.47	5.71	166.43
正海磁材	33.7	72.46	2.8	106.02
银河磁体	8.61	42.51	2.24	29.88
中钢天源	25.88	54.76	2.67	35.37
横店东磁	126.07	55.54	12.27	9.55

（数据来源：根据 Wind 上市公司数据整理，2022 年 4 月）

四、进出口贸易情况

从出口量来看，2021 年，我国稀土产品出口量约为 4.8 万吨，同比增长 38%，出口额为 42.2 亿元，同比增长 77.12%，均价为 86.26 元/千克，同比增长 28.34%。其中，稀土化合物出口量为 3.94 万吨，同比增长 34.93%，出口额为 32.15 亿元，同比增长 76.29%，均价为 81.44 元/千克，同比增长 30.65%；稀土金属出口量为 9443 吨，同比增长 52.5%，出口额为 10.05 亿元，同比增长 79.82%，均价为 106.42 元/千克，同比增长 17.92%。

2021 年稀土及其制品的出口规模和价格同步上涨，稀土的占比有所上涨，直观原因是稀土产品价格的上涨，深层次原因则在于中国稀土产业结构的主导地位。由于中国稀土产业提前实现了升级，不再依赖于稀土资源的简单加工，同时国内保留了较为可观的稀土资源供应，因此在全球供应链受到新冠肺炎疫情影响的情况下，依然能够保持稀土产业的良性运转。同时，数量稳定，且产能弹性较大的自有稀土资源供应保证了稀土产业链的原料安全，避免了全球资源产品涨价带来的直接冲击。这是 2021 年中国稀土产品继续保持良性发展的深层次原因。

从时间角度看，除 2 月春节期间的季节性下降之外，2021 年稀土和稀土制品的出口量在全年保持较为稳定的趋势，基本上没有大起大落，仅在 2021

年年底时有一次较大的波动。稀土和稀土制品出口额的发展趋势却有一定差异。首先两者运行的总体趋势都是上涨，这与稀土产品价格的上涨密切相关，但是稀土产品的波动性显著大于稀土及其制品的波动性，这也显示出原材料的价格弹性更大，而下游的收益更有保障。

2021 年稀土出口价格波动较大，但是明显低于 2020 年的波动幅度。考虑到统计口径包含了各种类别的稀土金属和稀土氧化物，结合前述的稀土价格趋势，可以判断每个月出口的稀土产品种类变化依然较大。

2021 年稀土产品出口情况如表 7-5 和表 7-6 所示。

表 7-5　2021 年稀土产品出口情况 1

时　　间	出口量/吨	同比增长率/%	出口额/百万美元	同比增长率/%
1—2 月	7068	98.7	78.9	145.8
3 月	4837	−12.9	58.3	7.3
4 月	3737	−13.4	54.5	66.4
5 月	4171	45.6	53.8	103.6
6 月	4012	38.7	53.6	81.9
7 月	3955	144.1	65.1	156
8 月	3936	139.8	52.8	121.8
9 月	3920	95.7	50.7	168.3
10 月	3936	139.8	52.8	121.8
11 月	3920	95.7	50.7	168.3
12 月	4088	−1.9	60	53
合　计	47 580	—	631.2	—

（数据来源：中商产业研究院数据库，2022 年 4 月）

表 7-6　2021 年稀土产品出口情况 2

产　　品	出口量/万吨	同比增长率/%	出口额/亿元	同比增长率/%	出口均价/（元/千克）
稀土化合物	3.94	34.93	32.15	76.29	81.44
稀土金属	0.94	52.5	10.05	79.82	106.42
合　计	4.88	38	42.2	77.12	86.26

（数据来源：稀土行业协会，2022 年 4 月）

图 7-4 是 2012—2021 年稀土产品出口量及增长率。

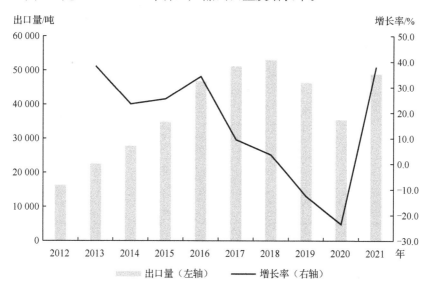

图 7-4　2012—2021 年稀土产品出口量及增长率
（数据来源：稀土行业协会，2022 年 4 月）

2012—2021 年中国稀土产品出口平均单价如图 7-5 所示。

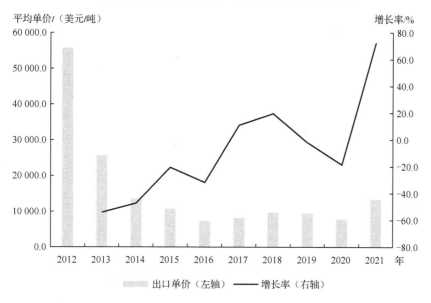

图 7-5　2012—2021 年中国稀土产品出口平均单价
（数据来源：稀土行业协会，2022 年 4 月）

从贸易伙伴看，2021 年我国稀土产品共出口至 66 个国家和地区（见表 7-7），较 2020 年增加了 8 个。其中，出口日本 1.72 万吨，占总出口量的 35.19%，出口额达 20.51 亿元，占总出口额的 48.6%。

表 7-7　2021 年按贸易伙伴（国家和地区）分类稀土产品出口情况

序号	贸易伙伴名称	数量/千克	金额/元	数量占比/%	金额占比/%
1	日本	17 214 427	2 050 614 831	35.19	48.60
2	美国	10 350 911	516 797 305	21.16	12.25
3	荷兰	7 107 882	173 790 279	14.53	4.12
4	韩国	2 926 692	275 286 902	5.98	6.52
5	印度	1 573 888	46 529 501	3.22	1.10
6	意大利	1 529 565	44 835 811	3.13	1.06
7	中国台湾	1 409 328	76 449 533	2.88	1.81
8	越南	1 196 505	459 559 415	2.45	10.89
9	法国	876 638	49 109 272	1.79	1.16
10	巴西	583 576	9 002 376	1.19	0.21
11	德国	566 453	63 572 257	1.16	1.51
12	加拿大	528 037	12 120 238	1.08	0.29
13	俄罗斯联邦	428 679	60 731 117	0.88	1.44
14	泰国	396 212	186 575 076	0.81	4.42
15	西班牙	324 925	8 807 351	0.66	0.21
16	波兰	282 130	77 050 911	0.58	1.83
17	英国	241 756	17 645 844	0.49	0.42
18	挪威	236 460	22 511 693	0.48	0.53
19	印度尼西亚	225 346	2 354 567	0.46	0.06
20	土耳其	221 767	2 628 363	0.45	0.06
21	墨西哥	102 407	5 227 976	0.21	0.12
22	阿根廷	96 645	2 700 051	0.20	0.06
23	澳大利亚	81 749	420 537	0.17	0.01
24	阿联酋	54 591	3 048 803	0.11	0.07
25	巴基斯坦	44 965	2 996 567	0.09	0.07
26	伊朗	44 400	1 397 123	0.09	0.03
27	中国香港	40 840	16 953 557	0.08	0.40

续表

序号	贸易伙伴名称	数量/千克	金额/元	数量占比/%	金额占比/%
28	巴拉圭	40 000	1 175 582	0.08	0.03
29	乌克兰	33 681	912 139	0.07	0.02
30	奥地利	26 689	6 068 924	0.05	0.14
31	斯洛文尼亚	22 140	1 765 374	0.05	0.04
32	缅甸	13 460	307 830	0.03	0.01
33	匈牙利	12 065	5 141 263	0.02	0.12
34	马来西亚	10 787	4 870 336	0.02	0.12
35	哥伦比亚	10 300	302 894	0.02	0.01
36	爱沙尼亚	9200	823 923	0.02	0.02
37	塞尔维亚	7500	316 632	0.02	0.01
38	沙特阿拉伯	7000	185 575	0.01	
39	孟加拉国	7000	75 049	0.01	
40	埃及	6600	472 476	0.01	0.01
41	新西兰	5640	39 902	0.01	
42	捷克	4814	811 624	0.01	0.02
43	卢森堡	4000	1 445 620	0.01	0.03
44	南非	3500	98 649	0.01	
45	葡萄牙	1450	589 439		0.01
46	菲律宾	1143	4 062 946		0.10
47	罗马尼亚	916	97 099		
48	瑞典	790	76 607		
49	丹麦	360	135 296		
50	芬兰	360	84 700		
51	瑞士	249	725 029		0.02
52	比利时	217	67 716		
53	白俄罗斯	205	19 956		
54	斯里兰卡	183	35 826		
55	智利	169	28 025		
56	拉脱维亚	100	18 165		
57	尼加拉瓜	100	15 248		
58	克罗地亚	65	25 783		
59	新加坡	59	9599		

续表

序号	贸易伙伴名称	数量/千克	金额/元	数量占比/%	金额占比/%
60	以色列	50	5046		
61	保加利亚	47	7424		
62	老挝	40	252		
63	秘鲁	30	6425		
64	立陶宛	19	21 037		
65	突尼斯	10	85 584		
66	哈萨克斯坦	5	92 015		
	合计	48 917 717	4 219 740 265	100.00	100.00

注：对于占比较少的国家，本表未给出具体数值。

从进口量来看，2021 年我国稀土产品进口量为 4.57 万吨，同比下降 4.05%。其中，稀土化合物进口量为 4.55 万吨，稀土金属进口量为 208 吨。稀土产品进口额为 66.77 亿元，同比增长 89.39%。稀土产品进口来自 27 个国家和地区，从缅甸、马来西亚、越南进口占比达 94%，其中，缅甸 75.8%，马来西亚 11.2%，越南 7%。

表 7-8 是 2021 年按贸易伙伴（国家和地区）分类稀土产品进口情况。

表 7-8　2021 年按贸易伙伴（国家和地区）分类稀土产品进口情况

序号	贸易伙伴名称	数量/千克	金额/元	数量占比/%	金额占比/%
1	缅甸	34 669 726	4 936 939 311	75.8	73.9
2	马来西亚	5 114 498	948 565 347	11.2	14.2
3	越南	3 189 041	337 367 088	7.0	5.1
4	印度	701 135	45 748 403	1.5	0.7
5	俄罗斯联邦	681 121	47 709 176	1.5	0.7
6	哈萨克斯坦	628 351	24 105 291	1.4	0.4
7	日本	305 388	108 772 064	0.7	1.6
8	爱沙尼亚	178 600	72 130 336	0.4	1.1
9	奥地利	63 812	2 910 193	0.1	
10	法国	42 658	3 272 077	0.1	
11	澳大利亚	38 810	6 318 007	0.1	0.1
12	韩国	36 111	60 987 633	0.1	0.9
13	荷兰	21 016	4 078 867		0.1

续表

序号	贸易伙伴名称	数量/千克	金额/元	数量占比/%	金额占比/%
14	美国	13 983	50 488 272		0.8
15	中国台湾	10 089	4 128 178		0.1
16	英国	7242	2 923 045		
17	泰国	6000	3 335 791		
18	德国	2359	16 135 164		0.2
19	比利时	237	176 105		
20	纳米比亚	195	901		
21	新加坡	36	35 794		
22	瑞士	16	104 993		
23	波兰	1	262 290		
24	列支敦士登	1	7444		
25	芬兰	0	6947		
26	加拿大	0	12 412		
27	乌克兰	0	3854		
	合计	45 710 426	6 676 524 983	100.0	100.0

注：对于占比较少的国家，本表未给出具体数值。

表 7-9 是 2021 年稀土产品进口情况。

表 7-9　2021 年稀土产品进口情况

序号	类　　别	数量/千克	金额/元	均价/(元/千克)	REO/吨
1	钍矿砂及其精矿	51 087 718	641 583 402	12.56	15 326
2	混合碳酸稀土	223 500	8 715 695	39.00	45
3	稀土金属矿	75 671 232	2 009 728 942	26.56	45 403
4	锆矿砂及其精矿	1 283 951 549	6 902 841 699	5.38	16 691
5	钛矿砂及其精矿	3 798 100 609	7 633 935 652	2.01	37 981
6	未列名氧化稀土	20 974 405	4 494 759 744	214.30	20 974
7	未列名稀土金属	15 982 257	854 392 910	53.46	3996
	合计	5 230 009 013	21 691 565 134	4.15	140 416

通过进出口数据，我国稀土国际贸易状况呈逆差状态，其主要原因是国内稀土矿供应严重不足，无矿企业需要大量进口稀土矿产品，此外，2021 年稀土价格高涨也导致稀土矿产品进口额大幅度增加。

第二节　需要关注的几个问题

一、警惕稀土价格上涨过快对产业链的供给冲击

2021 年，我国稀土价格呈现持续快速上涨态势，逼近历史最高位。

一是大宗商品市场风险外溢，输入性通胀压力加大，叠加新冠肺炎疫情影响，环保投入加大，生产成本刚性上升等国际经济发展不确定性增多，稀土等大宗原材料价格持续高位运行。

二是稀土下游消费持续快速增长，对稀土原料需求明显提升，市场阶段性供需紧平衡较为突出。

三是中国经济的强大韧性与"双碳"目标的约束，使得稀土战略属性愈加凸显。对其敏感性更强、关注度更高，加之稀土市场规模小，产品价格发现机制不够完善，稀土供需紧平衡更容易引发市场的复杂心理预期，也更容易被投机资金裹挟炒作。稀土价格上涨过快，不仅对稀土企业自身把控生产经营节奏，维护稳健运行造成困难与伤害，而且会给稀土下游应用领域带来较大的成本消化压力。

因此，在当前错综复杂的形势下，需要做好重要原材料和初级产品保供稳价。坚持稳字当头、稳中求进，全力保障初级产品供给。

二、中美贸易摩擦给稀土产业链发展带来的不确定性

近年来，美国在稀土领域动作频频，通过全产业链布局推动建立本土充足、稳定且可靠的稀土供给，试图摆脱对中国稀土产业链的依赖，不计成本重塑全球产业链。美国政府为促进本国稀土产业发展连续出台了一系列积极的政策措施，2017 年、2018 年的《13817 号行政令》和《关键矿物清单》提出将稀土作为关键矿产的战略定位，确保关键矿物安全可靠供应。2019 年的《关键矿产报告》提出具体行动措施，2020 年的《国防授权法案》增设采购处置权规定，2021 年的《第 14017 号行政命令下的百日审查》报告再次强调了稀土等关键矿产资源和材料供应链存在的风险，并提出影响措施。2020 年的《稀土外包法》与 2021 年的《创新和竞争法》针对中国在稀土领域的影响力提出"加强本国稀土产业链独立性、尽快摆脱对中国依赖"的发展需求。作为关键战略资源，稀土是美国国防军工、航空航天、武器装备制造等领域不可或缺的原材料，事关美国国家经济和安全发展。稀土的重要性使得美国

越发重视本国稀土产业链的安全稳定，试图重构本土产业链，重获国际地位。因此，对于我国稀土企业而言，如何更好地应对贸易摩擦，最大限度上缓解贸易战的影响，还是应该从自身做起，只有通过不断完善和优化产业链，加大企业管理力度，有效降低人工成本的投入，才能为稀土行业的健康有序发展打下良好基础。

三、扩大内需和稀土下游应用发展

积极发展下游应用，强化稀土的高效、高值化利用。加强支持高性能稀土永磁材料、高端稀土催化材料、稀土储氢材料等稀土功能材料的研发和器件产业化。推动烧结钕铁硼磁体批量一致性及先进制备流程技术、磁悬浮等轨道交通系统用高可靠性稀土永磁材料制备技术、特微磁性材料制备关键技术、稀土分子筛催化新材料制备关键技术及应用、双燃料船舶发动机尾气净化稀土催化剂、高能量密度新型稀土储氢材料及应用技术等的示范应用。

四、加快稀土产业集群建设

鼓励稀土企业按照市场化、法治化原则开展兼并重组，支持稀土企业集团向下游产业链延伸，提升自身发展能力和品牌影响力。积极与国内顶尖的新材料院所合作，聚焦区域新材料产业集群创新需求和未来发展方向，在集群内部联合建设一流的新材料产业技术研发机构，推进体制机制创新。加强产业集群，促进机构建设，完善产业集群公共服务体系，促进集群内要素和信息的交流共享，建立集群成员横向和纵向密切合作的协同网络。

区 域 篇

第八章

东部地区

2021 年，我国东部地区乙烯、硫酸、纯碱等主要石化产品产量同比降低；粗钢产量全国占比略有下降、产品价格震荡运行；十种有色金属产量总体保持稳定，铜铝铅锌价格先涨后跌；水泥、平板玻璃产量同比下降，水泥价格先平稳运行后上涨。

第一节　石化化工行业

一、生产情况

2021 年，东部地区的乙烯产量为 1445.6 万吨，同比下降 0.2%，其中，乙烯产量最高的省份是广东省，高达 380.0 万吨，产量增幅较大的地区依次为山东省、福建省、天津市。2021 年，东部地区硫酸产量总计 1642.9 万吨，同比下降 10.6%。山东省的硫酸产量达到 440.6 万吨，为东部地区最高。除江苏省、浙江省外，其他所有省份产量均下降，其中降幅较大的省市依次为天津市、山东省和河北省。2021 年，东部地区烧碱产量总计 1599.3 万吨，同比下降 10.4%，其中降幅较大的省市分别为天津市、广东省、福建省。山东省烧碱产量最大，在东部地区产量中占比高达 54.8%（见表 8-1）。

表 8-1　2021 年东部地区主要石化产品生产情况

东部地区	乙　烯		硫　酸		烧　碱	
	产量/万吨	同比增长率/%	产量/万吨	同比增长率/%	产量/万吨	同比增长率/%
北京	57.9	−19.1	—	—	—	—
天津	125.5	12.3	16.3	−24.5	54.3	−34.1

续表

东部地区	乙　烯		硫　酸		烧　碱	
	产量/万吨	同比增长率/%	产量/万吨	同比增长率/%	产量/万吨	同比增长率/%
河北	1.0	—	150.4	−17.0	113.4	−9.6
上海	163.0	−20.9	4.9	−10.9	63.1	−10.7
江苏	184.1	−16.4	258.7	2.3	243.4	−1.5
浙江	141.2	−30.8	274.9	0.2	187.6	−10.0
福建	176.0	26.9	288.5	−13.3	31.9	−11.3
山东	216.9	80.9	440.6	−18.6	876.5	−10.8
广东	380.0	3.9	208.6	−9.1	29.1	−12.3
海南	—		—		—	
东部地区总计	1445.6	−0.2	1642.9	−10.6	1599.3	−10.4

（数据来源：Wind 数据库，2022 年 04 月）

二、市场情况

以江苏省为例，2021 年甲醇市场价格走势基本稳定，上半年甲醇价格轻微波动，保持在 2500 元/吨附近。9 月以来，甲醇震荡走高，10 月中旬达到峰值 4125 元/吨，涨幅约 50%。之后震荡下行，年底收于 2545 元/吨（见图 8-1）。

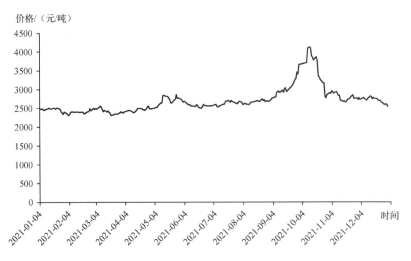

图 8-1　2021 年江苏甲醇市场价格走势

（数据来源：Wind 数据库，2022 年 04 月）

第二节　钢铁行业

一、生产情况

2021 年，我国东部地区生铁、粗钢和钢材产量分别为 44 954.29 万吨、52 642.43 万吨和 76 608.96 万吨，同比增速分别为 -6.7%、-6.2% 和 -1.7%（见表 8-2）。2021 年东部地区生铁、粗钢和钢材产量占全国总产量的比重分别为 51.8%、51.3% 和 57.3%，均较上年同期略有下降。

表 8-2　2021 年东部地区钢铁生产情况

东部地区	生　铁		粗　钢		钢　材	
	产量/万吨	同比增长率/%	产量/万吨	同比增长率/%	产量/万吨	同比增长率/%
北京	—	—	—	—	203.36	10.3
天津	1818.4	-17.3	1825.25	-16.0	5991.73	4.7
河北	20 202.98	-11.8	22 496.45	-9.9	29 559.38	-5.6
上海	1390.97	-1.4	1577.06	0.1	1941.43	3.3
江苏	10 023.93	0.0	11 924.95	-1.5	15 701.9	4.6
浙江	794.76	-6.8	1455.56	-0.1	3451.83	-9.3
福建	1145.19	3.5	2535.52	2.8	3980.53	3.1
山东	7524.42	0.0	7649.31	-4.3	10 667.62	-5.3
广东	2053.64	-4.9	3178.33	-6.0	5111.18	5.0
海南	—	—	—	—	—	—
东部地区总计	44 954.29	-6.7	52 642.43	-6.2	76 608.96	-1.7

（数据来源：Wind 数据库，2022 年 4 月）

二、市场情况

2021 年，东部地区螺纹钢价格先上行后震荡下行，9 月到达高点后缓慢回落。以直径为 20 毫米的 400MPa 螺纹钢价格为例，1 月后价格快速上行，6 月到 8 月价格一直震荡运行，9 月价格涨至高点，10 月后价格逐渐回落，但 12 月下旬价格仍高于年初价格。12 月底，东部重点城市北京、天津、广州和上海的价格分别为 4540 元/吨、4560 元/吨、4970 元/吨和 4760 元/吨，均高于上年同期水平（见表 8-3）。

表 8-3 　2021 年东部重点城市 HRB400 20 毫米螺纹钢价格（单位：元/吨）

时　　间	北　　京	天　　津	广　　州	上　　海
2020 年 12 月底	4050.00	4100.00	4730.00	4480.00
2021 年 1 月下旬	4150.00	4210.00	4630.00	4300.00
2021 年 2 月底	4510.00	4580.00	4940.00	4630.00
2021 年 3 月底	4850.00	4870.00	5020.00	4890.00
2021 年 4 月底	5220.00	5260.00	5290.00	5270.00
2021 年 5 月底	5280.00	5310.00	5340.00	5070.00
2021 年 6 月底	4820.00	4840.00	4980.00	4900.00
2021 年 7 月底	5350.00	5370.00	5640.00	5420.00
2021 年 8 月底	5140.00	5200.00	5540.00	5310.00
2021 年 9 月底	5760.00	5830.00	6260.00	5900.00
2021 年 10 月底	5180.00	5230.00	5580.00	5240.00
2021 年 11 月底	4720.00	4720.00	5140.00	4780.00
2021 年 12 月底	4540.00	4560.00	4970.00	4760.00

（数据来源：Wind 数据库，2022 年 04 月）

2021 年，东部地区热轧板卷价格呈先上行后震荡下行的特点。以 4.75 毫米热轧板卷价格为例，1 月开始价格上行，后震荡运行，到 7 月到达高点后价格小幅度回落并平稳运行，9 月底，价格逐渐下行。2021 年年底，东部重点城市北京、天津、广州、上海、邯郸的 4.75 毫米热轧板卷价格分别为 4770 元/吨、4660 元/吨、4730 元/吨、4860 元/吨和 4810 元/吨，较上年年底分别上涨了 4%、4%、2%、6% 和 7%（见表 8-4）。

表 8-4 　2021 年东部重点城市 4.75 毫米热轧板卷价格（单位：元/吨）

时　　间	北　　京	天　　津	广　　州	上　　海	邯　　郸
2020 年 12 月底	4590.00	4460.00	4630.00	4600.00	4510.00
2021 年 1 月下旬	4560.00	4410.00	4500.00	4490.00	4430.00
2021 年 2 月底	4860.00	4790.00	4870.00	4870.00	4770.00
2021 年 3 月底	5450.00	5320.00	5340.00	5330.00	5300.00
2021 年 4 月底	5770.00	5650.00	5700.00	5770.00	5660.00
2021 年 5 月底	5730.00	5540.00	5480.00	5580.00	5600.00
2021 年 6 月底	5410.00	5310.00	5340.00	5470.00	5330.00

续表

时　间	北　京	天　津	广　州	上　海	邯　郸
2021 年 7 月底	6020.00	5880.00	5910.00	6010.00	5860.00
2021 年 8 月底	5820.00	5710.00	5600.00	5730.00	5730.00
2021 年 9 月底	5850.00	5740.00	5760.00	5740.00	5780.00
2021 年 10 月底	5470.00	5390.00	5350.00	5320.00	5480.00
2021 年 11 月底	4830.00	4720.00	4810.00	4730.00	4750.00
2021 年 12 月底	4770.00	4660.00	4730.00	4860.00	4810.00

（数据来源：Wind 数据库，2022 年 04 月）

第三节　有色金属行业

一、生产情况

2021 年，东部地区十种有色金属产量保持稳定，达到 1195.2 万吨，同比下降 0.9%，占全国总产量的 18.5%，较上年减少 1 个百分点。其中，降幅较大的地区依次为天津、江苏、河北和山东，降幅分别为 88.9%、9.7%、7.5% 和 2.8%。山东省十种有色金属产量为 903.5 万吨，占东部地区总产量的 75.6%（见表 8-5）。

表 8-5　2020—2021 年东部地区十种有色金属生产情况

东 部 地 区	2021 年		2020 年	
	产量/万吨	同比增长率/%	产量/万吨	同比增长率/%
山东	903.5	-2.8	929.2	-3.7
福建	89.6	21.0	74.0	0.8
江苏	87.9	-9.7	97.3	34
浙江	60.4	11.4	54.2	-14.1
广东	50.0	8.5	46.1	7.5
河北	3.7	-7.5	4.0	0
天津	0.1	-88.9	0.9	-35.7
上海	—	—	929.2	-3.7
总计	1195.2	-0.9	1205.7	-1.4

（数据来源：Wind 数据库，2022 年 4 月）

二、市场情况

以上海为例，2021 年年初，铜现货平均价格震荡上行，5 月上旬涨至年内高价 74 115 元/吨，之后下降维持高位运行。9—10 月，铜价小幅度微调。10 月以后缓慢回落，12 月铜价 69 581 元/吨，较年初价格上涨 18%（见图 8-2）。

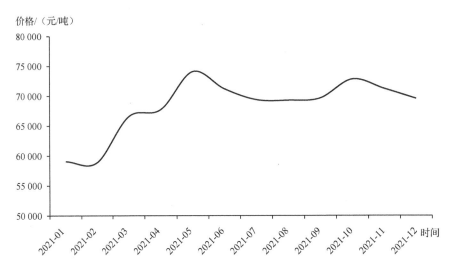

图 8-2 东部地区典型城市铜市场价格

（数据来源：Wind 数据库，2022 年 4 月）

第四节 建材行业

一、生产情况

2021 年 1—12 月，东部地区水泥产量总计 78 649.2 万吨，同比下降 8.4%。从产量来看，广东省产量最高，为 15 213.7 万吨，北京市产量最低，为 239.0 万吨；从增速来看，仅天津市产量同比增长 8.1%，其他省市均为下降。平板玻璃产量为 43 698.3 万重量箱，产量最高的为河北省（11 684.5 万重量箱），除浙江省和广东省外，其他省市产量都下降，降幅最大的是北京市（32.8%）（见表 8-6）。

表 8-6 2021 年 1—12 月东部地区主要建材产品生产情况

东部地区	水泥		平板玻璃	
	产量/万吨	同比增长率/%	产量/万重量箱	同比增长率/%
北京	239	-16.7	32.1	-32.8
天津	595.9	8.1	3144.4	-0.2
河北	10 413.4	-11.1	11 684.5	-14.9
上海	388.6	-0.2	—	—
江苏	13 689.9	-10.6	1297.2	-25.5
浙江	12 459.2	-5.9	4464.9	5
福建	8758.5	-9.7	5110.5	-4.7
山东	15 196.4	-3.6	7503.6	-3.6
广东	15 213.7	-10.9	10 046.6	0.8
海南	1694.6	-7.8	414.5	-2.4
总计	78 649.2	-8.4	43 698.3	-5.9

（数据来源：Wind 数据库，2022 年 4 月）

二、市场情况

2021 年，东部地区重点城市水泥价格整体稳中有升，上半年价格平稳运行，下半年有较大幅度上涨。最低价出现在 7 月底的石家庄，为 416.0 元/吨。最高价出现在 10 月底、11 月底的上海，价格为 717 元/吨（见表 8-7）。

表 8-7 2021 年东部地区重点城市水泥价格（单位：元/吨）

时间	北京	天津	石家庄	上海	南京	济南
1 月底	499	475	474	552	548	543
2 月底	482	455	444	507	537	543
3 月底	476	456	444	507	533	523
4 月底	490	472	434	582	588	515
5 月底	516	491	456	582	588	525
6 月底	513	491	456	522	500	525
7 月底	513	491	416	445	463	505
8 月底	515	491	424	507	523	515
9 月底	515	491	454	687	693	586

续表

时间	北京	天津	石家庄	上海	南京	济南
10 月底	644	603	584	717	703	686
11 月底	644	603	584	717	693	656
12 月底	643	591	584	680	653	626

（数据来源：Wind 数据库，2022 年 4 月）

第九章

中部地区

　　2021 年，我国中部地区主要石化产品中，乙烯产量同比增长，硫酸、烧碱产量同比下降，甲醇价格下半年经短暂上涨后回调，总体呈稳定态势；粗钢、生铁和钢材产量全国占比同比略有提升，螺纹钢和热轧板卷价格震荡运行；十种有色金属产量较为平稳，全国占比略有上升，铜铝铅锌价格震荡上涨后下行；水泥、平板玻璃产量同比下降，水泥价格总体呈现平稳运行后上涨态势。

第一节　石化化工行业

一、生产情况

　　2021 年，中部地区乙烯产量总计 116.2 万吨，同比增长 21.2%；中部地区硫酸产量为 2354.1 万吨，同比下降 5.3%，其中湖北省硫酸产量最高，达到 928.7 万吨；中部地区烧碱产量为 531.3 万吨，同比下降 15.0%，仅湖北省产量增加，同比增长 15.5%（见表 9-1）。

表 9-1　2021 年中部地区主要石化产品生产情况

中部地区	乙　烯		硫　酸		烧　碱	
	产量/万吨	同比增长率/%	产量/万吨	同比增长率/%	产量/万吨	同比增长率/%
山西	—	—	43.2	-2.7	38.2	-21.6
安徽	—	—	553.6	-17.9	62.2	-27.2
江西	1.2	100	239.1	-16.8	136.5	-24.1
河南	23.9	-4	431.2	-1	149.6	-12.3

续表

中部地区	乙　烯		硫　酸		烧　碱	
	产量/万吨	同比增长率/%	产量/万吨	同比增长率/%	产量/万吨	同比增长率/%
湖北	90.8	30.1	928.7	10.9	92.8	15.5
湖南	0.3	−50	158.3	−23.7	52	−12.8
总计	116.2	21.2	2354.1	−5.3	531.3	−15

（数据来源：Wind 数据库　2022 年 4 月）

二、市场情况

甲醇价格以安徽省为例，价格走势与江苏省基本类似。上半年价格轻微波动，下半年 9 月以后价格震荡上行，10 月中旬达到峰值 4380 元/吨，涨幅超过 70%。之后震荡下行，年末价格为 2570 元/吨，如图 9-1 所示。

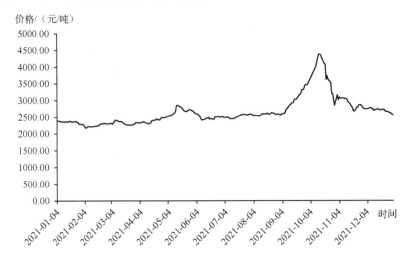

图 9-1　2021 年安徽省甲醇市场价格走势

（数据来源：Wind 数据库，2022 年 04 月）

第二节　钢铁行业

一、生产情况

2021 年，中部地区生铁、粗钢和钢材产量为 18 764.1 万吨、22 682.66 万吨、24 642.87 万吨，分别同比增长 1.1%、−0.2% 和 4.9%。2021 年中部地区生铁、粗钢和钢材产量占全国总产量的比重分别为 21.6%、22.1% 和 18.4%，均较上年同期略有提高（见表 9-2）。

表 9-2 2021 年中部地区钢铁生产情况

中 部 地 区	生 铁		粗 钢		钢 材	
	产量 /万吨	同比增长率 /%	产量 /万吨	同比增长率 /%	产量 /万吨	同比增长率 /%
山西	5988.42	-1.7	6740.69	1.6	6173.88	-0.1
安徽	2911.6	14.8	3646.14	-1.4	3820.33	5.9
江西	2315.59	-0.7	2710.96	1.1	3480.92	12.5
河南	2746.75	-0.8	3316.1	-6.1	4335.97	2.4
湖北	2624.39	-3.8	3656.09	2.8	3852.07	5.6
湖南	2177.35	3.4	2612.68	0.0	2979.7	9.2
总计	18 764.1	1.1	22 682.66	-0.2	24 642.87	4.9

（数据来源：Wind 数据库，2022 年 4 月）

二、市场情况

2021 年，中部地区螺纹钢价格总体震荡上行后缓慢回落。以直径为 20 毫米的 400MPa 螺纹钢价格为例，1—4 月价格快速上行，之后价格高位震荡运行，9 月涨至高点后价格缓慢回落。12 月底，直径为 20 毫米的 400MPa 螺纹钢在武汉、合肥、长沙、郑州和太原 5 个城市的价格分别为 4710 元/吨、4910 元/吨、4850 元/吨、4690 元/吨和 4720 元/吨，分别较上年末上涨了 6%、8%、6%、11%和 14%（见表 9-3）。

表 9-3 2021 年中部地区重点城市 HRB400 20 毫米螺纹钢价格（单位：元/吨）

时 间	武 汉	合 肥	长 沙	郑 州	太 原
2020 年 12 月底	4440.00	4560.00	4560.00	4240.00	4150.00
2021 年 1 月下旬	4380.00	4530.00	4470.00	4330.00	4240.00
2021 年 2 月底	4690.00	4890.00	4850.00	4660.00	4610.00
2021 年 3 月底	4850.00	5100.00	4920.00	4890.00	4950.00
2021 年 4 月底	5130.00	5420.00	5300.00	5270.00	5370.00
2021 年 5 月底	5080.00	5290.00	5220.00	5230.00	5270.00
2021 年 6 月底	4850.00	5160.00	5010.00	4830.00	4970.00
2021 年 7 月底	5430.00	5740.00	5530.00	5450.00	5470.00
2021 年 8 月底	5260.00	5540.00	5440.00	5260.00	5300.00
2021 年 9 月底	5780.00	6090.00	6030.00	5730.00	5790.00

续表

时　间	武　汉	合　肥	长　沙	郑　州	太　原
2021 年 10 月底	5250.00	5500.00	5430.00	5390.00	5340.00
2021 年 11 月底	4720.00	5010.00	4870.00	4630.00	4720.00
2021 年 12 月底	4710.00	4910.00	4850.00	4690.00	4720.00

（数据来源：Wind 数据库，2022 年 04 月）

2021 年，中部地区热轧板卷价格先上行后震荡下行。以 4.75 毫米热轧板卷价格为例，1—4 月价格上行，后短暂回落，7 月达到价格高峰，至 12 月持续震荡下行。2021 年年底，武汉、合肥、长沙、郑州、太原 4.75 毫米热轧板卷价格分别为 4750 元/吨、4920 元/吨、4840 元/吨、4760 元/吨和 4730元/吨，分别较上年末上涨了 2%、5%、4%、5% 和 6%（见表 9-4）。

表 9-4　2021 年中部地区重点城市 4.75 毫米热轧板卷价格（单位：元/吨）

时　间	武　汉	合　肥	长　沙	郑　州	太　原
2020 年 12 月底	4660.00	4700.00	4670.00	4530.00	4470.00
2021 年 1 月下旬	4530.00	4610.00	4540.00	4480.00	4460.00
2021 年 2 月底	4900.00	4980.00	4920.00	4830.00	4780.00
2021 年 3 月底	5340.00	5430.00	5310.00	5310.00	5250.00
2021 年 4 月底	5810.00	5810.00	5810.00	5680.00	5680.00
2021 年 5 月底	5600.00	5740.00	5660.00	5530.00	5650.00
2021 年 6 月底	5440.00	5560.00	5300.00	5360.00	5370.00
2021 年 7 月底	5950.00	6060.00	5850.00	5870.00	5880.00
2021 年 8 月底	5750.00	5790.00	5730.00	5730.00	5740.00
2021 年 9 月底	5830.00	5840.00	5820.00	5780.00	5790.00
2021 年 10 月底	5480.00	5430.00	5450.00	5490.00	5430.00
2021 年 11 月底	4820.00	4880.00	4900.00	4720.00	4750.00
2021 年 12 月底	4750.00	4920.00	4840.00	4760.00	4730.00

（数据来源：Wind 数据库，2022 年 04 月）

第三节　有色金属行业

一、生产情况

2021 年，中部地区十种有色金属产量为 1394.2 万吨，较上年增加 155.1

万吨，同比增长 12.5%，占全国总产量的 21.6%，较上年增加 1.6 个百分点。其中，安徽省十种有色金属产量同比增长 32.5%，为 297.5 万吨，占中部地区总产量的 21.3%，较上年增长 3.2 个百分点（见表 9-5）。

表 9-5　2020—2021 年中部地区十种有色金属生产情况

中 部 地 区	2021 年		2020 年	
	产量/万吨	同比增长率/%	产量/万吨	同比增长率/%
河南	423.6	1.2	418.6	-3.9
安徽	297.5	32.5	224.6	11.1
湖南	233.2	8.5	215.0	10.9
江西	218.9	8.1	202.5	8.5
山西	126.1	29.0	97.8	-6.3
湖北	94.8	17.6	80.6	-6.1
总计	1394.2	12.5	1239.1	2.5

（数据来源：Wind 数据库，2022 年 4 月）

二、市场情况

以郑州为例，2021 年年初，铜市场现货平均价格震荡上行，5 月涨至年内高点 74 165 元/吨，之后平稳回落。10 月铜价小幅度回调。10 月以后下行，12 月铜价达 69 582 元/吨，较年初上涨 17.8%（见图 9-2）。

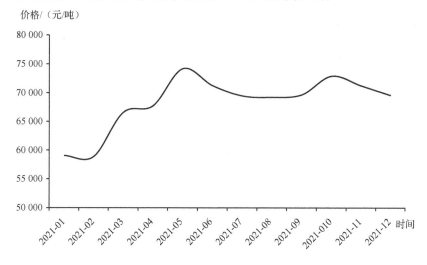

图 9-2　中部地区典型城市铜市场价格

（数据来源：Wind 数据库，2022 年 4 月）

第四节 建材行业

一、生产情况

2021 年 1—12 月，中部地区水泥产量为 57 581.5 万吨，同比下降 7.4%。从产量看，安徽省产量最高，为 13 448.1 万吨，山西省产量最低，为 5287.8 万吨；从增速看，仅湖北省产量同比增长 3.9%，其他均为下降。平板玻璃产量为 20 050.2 万重量箱，同比下降 10.9%，其中湖北省产量最高，达到 8902.1 万重量箱（见表 9-6）。

表 9-6 2021 年 1—12 月中部地区主要建材产品生产情况

中部地区	水 泥		平板玻璃	
	产量/万吨	同比增长率/%	产量/万重量箱	同比增长率/%
山西	5287.8	-1.8	1855.3	-17.6
安徽	13 448.1	-5.1	3881.4	-13.5
江西	8816.1	-9.8	360.9	-18.9
河南	10 288.9	-12.2	1680.2	-11.6
湖北	10 505.7	3.9	8902.1	-7.1
湖南	9234.9	-16.3	3370.3	-11.8
总计	57 581.5	-7.4	20 050.2	-10.9

（数据来源：Wind 数据库，2022 年 4 月）

二、市场情况

2021 年，中部地区水泥价格走势与东部地区大体相似，上半年基本平稳，下半年波动较大。年内最高价出现在 10 月底的长沙，价格为 822.0 元/吨。最低价出现在 1—4 月的太原，价格为 386.0 元/吨。太原的水泥价格整体较其他中部地区城市略低（见表 9-7）。

表 9-7 2021 年中部地区重点城市水泥价格（单位：元/吨）

时 间	太 原	合 肥	郑 州	武 汉	长 沙
1 月底	398	530	523	528	543
2 月底	386	525	473	522	523

续表

时　　间	太　　原	合　　肥	郑　　州	武　汉	长　　沙
3 月底	386	526	479	532	497
4 月底	386	546	513	591	497
5 月底	418	546	453	571	498
6 月底	418	540	423	551	491
7 月底	418	498	393	515	443
8 月底	418	518	409	515	522
9 月底	424	642	549	657	638
10 月底	528	674	599	707	822
11 月底	572	679	589	659	772
12 月底	572	659	559	619	602

（数据来源：Wind 数据库，2022 年 4 月）

第十章

西部地区

2021 年，我国西部地区主要石化产品中，乙烯产量同比增加，硫酸、烧碱等产品产量同比降低；甲醇价格整体平稳短期波动；生铁、粗钢和钢材产量同比略有增加，螺纹钢和热轧卷板价格震荡运行；十种有色金属产量全国占比较上年持平，铜铝铅锌价格震荡运行；水泥、平板玻璃产量均同比下降，水泥价格呈先平稳运行后上涨态势。

第一节　石化化工行业

一、生产情况

2021 年，西部地区乙烯产量为 281.3 万吨，同比增长 31.0%；西部地区硫酸产量为 3508.0 万吨，同比减少 7.2%，其中云南省的硫酸产量最高，达到 1343.8 万吨；西部地区烧碱产量总计 996.5 万吨，同比下降 11.9%，其中青海省产量增幅最高，同比增长 41.5%（见表 10-1）。

表 10-1　2021 年西部地区主要石化产品生产情况

西部地区	乙　烯		硫　酸		烧　碱	
	产量/万吨	同比增长率/%	产量/万吨	同比增长率/%	产量/万吨	同比增长率/%
内蒙古	1	-75	449.8	-9.1	289.9	-12.7
广西	—	—	354.6	-20.2	73.5	-10.8
重庆	—	—	56.5	-5	31	-11.6
四川	—	—	448.8	-12.5	109.9	-8.7
贵州	—	—	394.6	101.6	—	—

续表

西部地区	乙　烯		硫　酸		烧　碱	
	产量/万吨	同比增长率/%	产量/万吨	同比增长率/%	产量/万吨	同比增长率/%
云南	—	—	1343.8	-14.2	17.9	-21.7
西藏	—	—			—	—
陕西	89.7	—	107.3	-10	93.4	-21.4
甘肃	61.9	-11.2	217	-12.6	39.4	8.3
青海	—	—	11.6	-15.4	27.7	41.5
宁夏	—	—	56.3	-10.9	63.4	-13.3
新疆	128.7	-8.7	67.7	10.6	250.4	-13.7
总计	281.3	31	3508	-7.2	996.5	-11.9

（数据来源：Wind 数据库，2022 年 04 月）

二、市场情况

以内蒙古自治区为例，甲醇的市场价格走势与江苏省、安徽省总体类似，呈整体平稳短期波动形态。上半年价格在 2000 元/吨左右波动，从 2 月上旬的低点 1700 元/吨震荡上行至 5 月中旬的 2380 元/吨，到达第一个小高峰。下半年价格经历较大波动，9 月开始一路上涨至 10 月中旬的 3975 元/吨，涨幅高达 76.7%。之后价格回归到 1865 元/吨，接近 2021 年年初的价格水平(见图 10-1)。

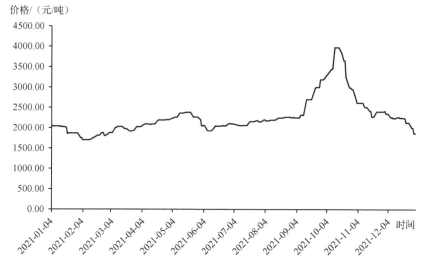

图 10-1　2021 年内蒙古自治区甲醇市场价格走势

（数据来源：Wind 数据库，2022 年 04 月）

第二节　钢铁行业

一、生产情况

2021 年，西部地区生铁、粗钢和钢材产量为 13 901.13 万吨、17 355.41 万吨和 21 913.91 万吨，分别同比增长 11.1%、6.4% 和 4.6%。2021 年西部地区生铁、粗钢和钢材产量占全国总产量的比重分别为 16%、16.9% 和 16.4%，均较上年同期略有上升（见表 10-2）。

表 10-2　2021 年西部地区钢铁生产情况

西部地区	生铁		粗钢		钢材	
	产量/万吨	同比增长率/%	产量/万吨	同比增长率/%	产量/万吨	同比增长率/%
内蒙古	2347.43	-1.4	3117.89	-0.1	2957.55	2.6
广西	3015.29	106.9	3660.88	34.4	5282.09	11.6
重庆	674.46	5.7	899.33	-0.1	1310.46	0.0
四川	2091.96	-2.1	2787.93	-0.2	3496.25	1.7
贵州	375.42	1.9	461.93	0.0	811.16	9.5
云南	1711.63	-8.6	2361.04	5.7	2646.44	0.2
西藏自治区	—	—	—	—	—	—
陕西	1136.33	-7.8	1520.81	0.0	2097.41	3.8
甘肃	789.19	0.9	1059	0.0	1080.59	-2.0
青海	154.22	-3.8	186.69	-3.4	181.99	-3.8
宁夏	457.64	43.0	—	—	582.29	20.8
新疆	1147.56	-0.9	1299.91	-0.5	1467.68	3.3
西部地区总计	13 901.13	11.1	17 355.41	6.4	21 913.91	4.6

（数据来源：Wind 数据库，2022 年 4 月）

二、市场情况

2021 年，西部地区螺纹钢价格波动运行，呈先上行后下行特点。以直径为 20 毫米的 400MPa 螺纹钢价格为例，2 月后价格上行，5 月达到高点后 6 月短暂回落，随后震荡上行到 9 月出现波峰，之后缓慢下行。12 月底，螺纹钢在重庆、成都、贵阳、昆明、西安、兰州和乌鲁木齐 7 个城市的价格分别为 4810 元/吨、4760 元/吨、4700 元/吨、4760 元/吨、4710 元/吨、4710 元/吨、4740 元/吨，分别较上年末上涨了 7.6%、8.9%、5.9%、−0.4%、13.5%、9.3% 和 16.5%（见表 10-3）。

表 10-3　2021 年西部重点城市 HRB400 20 毫米螺纹钢价格（单位：元/吨）

时　　间	重庆	成都	贵阳	昆明	西安	兰州	乌鲁木齐
2020 年 12 月底	4470.00	4370.00	4440.00	4780.00	4150.00	4310.00	4070.00
2021 年 1 月下旬	4480.00	4410.00	4450.00	4750.00	4280.00	4200.00	4090.00
2021 年 2 月底	4810.00	4760.00	4800.00	5040.00	4580.00	4540.00	4190.00
2021 年 3 月底	4860.00	4800.00	4830.00	5110.00	4800.00	4800.00	4580.00
2021 年 4 月底	5190.00	5130.00	5070.00	5420.00	5160.00	5150.00	5130.00
2021 年 5 月底	5330.00	5210.00	5260.00	5480.00	5210.00	5240.00	5060.00
2021 年 6 月底	5000.00	4970.00	5030.00	5190.00	4850.00	4940.00	4700.00
2021 年 7 月底	5510.00	5450.00	5420.00	5560.00	5400.00	5490.00	5310.00
2021 年 8 月底	5340.00	5240.00	5360.00	5470.00	5130.00	5270.00	5280.00
2021 年 9 月底	5790.00	5740.00	5840.00	6060.00	5750.00	5990.00	5980.00
2021 年 10 月底	5490.00	5450.00	5510.00	5650.00	5310.00	5470.00	4980.00
2021 年 11 月底	4820.00	4810.00	4780.00	4770.00	4630.00	4620.00	4630.00
2021 年 12 月底	4810.00	4760.00	4700.00	4760.00	4710.00	4710.00	4740.00

（数据来源：Wind 数据库，2022 年 04 月）

2021 年，西部地区热轧板卷价格先上行后震荡下行，年底价格缓慢回落。以 4.75 毫米热轧板卷价格为例，1 月开始价格上行后持续高位运行，7 月价格达到高点，随后价格震荡下行。2021 年年底，重庆、成都、昆明、西安、兰州和乌鲁木齐的价格分别为 4700 元/吨、4710 元/吨、4750 元/吨、4650 元/吨、4850 元/吨和 5000 元/吨，分别较上年末上涨了 −1.3%、−1.5%、−2.5%、1.3%、3.6% 和 9.9%（见表 10-4）。

表 10-4　2021 年西部重点城市 4.75 毫米热轧板卷价格（单位：元/吨）

时　　间	重庆	成都	昆明	西安	兰州	乌鲁木齐
2020 年 12 月底	4760.00	4780.00	4870.00	4590.00	4680.00	4550.00
2021 年 1 月下旬	4660.00	4770.00	4560.00	4560.00	4520.00	4440.00
2021 年 2 月底	4980.00	5080.00	4950.00	4850.00	4800.00	4780.00

续表

时 间	重庆	成都	昆明	西安	兰州	乌鲁木齐
2021 年 3 月底	5350.00	5430.00	5300.00	5390.00	5250.00	5150.00
2021 年 4 月底	5860.00	5880.00	5820.00	5710.00	5720.00	5670.00
2021 年 5 月底	5700.00	5780.00	5720.00	5700.00	5630.00	5680.00
2021 年 6 月底	5480.00	5540.00	5390.00	5380.00	5390.00	5380.00
2021 年 7 月底	6010.00	6030.00	5920.00	5820.00	5960.00	5900.00
2021 年 8 月底	5770.00	5780.00	5710.00	5730.00	5830.00	5850.00
2021 年 9 月底	5850.00	5850.00	5800.00	5870.00	5990.00	6080.00
2021 年 10 月底	5430.00	5480.00	5570.00	5560.00	5850.00	5770.00
2021 年 11 月底	4680.00	4710.00	4790.00	4650.00	4770.00	5000.00
2021 年 12 月底	4700.00	4710.00	4750.00	4650.00	4850.00	5000.00

（数据来源：Wind 数据库，2022 年 04 月）

第三节 有色金属行业

一、生产情况

2021 年，西部地区十种有色金属产量达到 3735.3 万吨，较上年同期增加 4.5%，占全国总产量的 57.7%，较上年同期持平。其中，内蒙古十种有色金属产量位居西部地区首位，产量达到 745.8 万吨，较上年同期增加 2.8%，占西部地区十种有色金属总产量的 20%。贵州十种有色金属产量同比减少 12.6%。此外，四川、云南、青海等省市产量增速较快（见表 10-5）。

表 10-5 2020—2021 年西部地区十种有色金属生产情况

西 部 地 区	2021 年		2020 年	
	产量/万吨	同比增长率/%	产量/万吨	同比增长率/%
内蒙古	745.8	2.8	725.5	14.3
新疆	640.1	4.3	613.8	-0.9
云南	571.6	11.8	511.4	26.2
广西	427.7	3.4	413.7	10.7
甘肃	358.4	2.2	350.6	6.6
青海	298.4	11.2	268.4	7.0
陕西	211.8	-4.2	221.2	7.7

续表

西 部 地 区	2021 年		2020 年	
	产量/万吨	同比增长率/%	产量/万吨	同比增长率/%
贵州	142.8	-12.6	163.4	5.4
宁夏	131.3	3.2	127.2	-4.6
四川	149.3	23.9	120.5	24.2
重庆	57.3	1.8	56.3	-9.5
西藏	0.8	-11.1	0.9	3.4
总计	3735.3	4.5	3572.9	9.4

（数据来源：Wind 数据库，2022 年 4 月）

二、市场情况

以西安为例，2021 年年初，铜现货平均价格震荡上行，5 月涨至年内高点 74 100 元/吨，之后铜价小幅度回落，7—9 月稳定运行。10 月铜价回调至 72 875 元/吨，至年底平稳下行。12 月铜价达 69 573 元/吨，较年初上涨 18%（见图 10-2）。

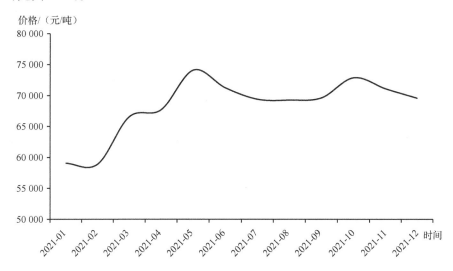

图 10-2　西部地区典型城市铜市场价格

（数据来源：Wind 数据库，2022 年 4 月）

第四节　建材行业

一、生产情况

2021 年 1—12 月，西部地区水泥产量为 73 068.2 万吨，同比下降 8.8%。从产量看，广西产量最高，为 15 213.7 万吨，西藏最低，为 902.5 万吨；从增速看，最高的为新疆（15.4%），最低的为云南（-24.5%）。西部地区平板玻璃产量为 17 852.3 万重量箱，其中四川产量最高，为 5034.0 万重量箱，青海增速最快，为 225.5%（见表 10-6）。

表 10-6　2021 年 1—12 月西部地区主要建材产品生产情况

西 部 地 区	水 泥		平板玻璃	
	产量/万吨	同比增长率/%	产量/万重量箱	同比增长率/%
内蒙古	3560.3	0.8	885.7	-14.9
广西	15 213.7	-19	3017.3	13.9
重庆	5335.2	-18	2055.1	28.7
四川	12 180	-16	5034.0	-14.5
贵州	8246.1	-23.6	1359.4	-17.9
云南	9808.9	-24.5	1872.7	-23.5
西藏	902.5	-16.8	—	—
陕西	6019.4	-11.5	1688.3	-24
甘肃	4313.9	-7.3	500.1	-3.7
青海	1080	-11.2	241.9	225.5
宁夏	1828	-7.6	365.8	-13.5
新疆	4580.2	15.4	832	0.4
总计	73 068.2	-8.8	17 852.3	-7.7

（数据来源：Wind 数据库，2022 年 04 月）

二、市场情况

2021 年，西部地区水泥价格与东部地区、中部地区总体相似，呈现上半年较平稳、下半年有较大幅度上涨的态势。年内最高价出现在 10 月底的南宁，价格为 771.0 元/吨。最低价出现在 7 月底的昆明，价格为 329.0 元/吨（见表 10-7）。

表 10-7 2021 年西部地区重点城市水泥价格（单位：元/吨）

时　间	呼和浩特	南宁	重庆	成都	昆明	西安
1 月底	350.0	441.0	425.0	483.0	386.0	570.0
2 月底	350.0	428.0	425.0	479.0	366.0	570.0
3 月底	370.0	439.0	445.0	475.0	346.0	565.0
4 月底	370.0	476.0	484.0	477.0	386.0	570.0
5 月底	420.0	458.0	468.0	490.0	356.0	570.0
6 月底	420.0	420.0	454.0	490.0	381.0	540.0
7 月底	420.0	416.0	441.0	460.0	329.0	463.0
8 月底	400.0	505.0	481.0	460.0	359.0	463.0
9 月底	400.0	751.0	613.0	543.0	573.0	513.0
10 月底	530.0	771.0	705.0	710.0	539.0	673.0
11 月底	530.0	750.0	709.0	710.0	486.0	673.0
12 月底	517.0	681.0	612.0	610.0	426.0	633.0

（数据来源：Wind 数据库，2022 年 04 月）

第十一章

东北地区

2021 年，我国东北地区主要石化产品中，乙烯产量同比增加，硫酸、烧碱产量同比减少；甲醇价格整体平稳短期波动；生铁、粗钢产量同比下降，钢材产量略有增加，螺纹钢和热轧卷板价格震荡运行；十种有色金属产量全国占比下降，铜铝铅锌价格震荡运行；水泥、平板玻璃产量均同比下降，水泥价格呈先平稳运行后上涨态势。

第一节　石化化工行业

一、生产情况

2021 年，东北地区乙烯产量为 542.4 万吨，同比增长 35.3%，其中辽宁省产量高达 365.6 万吨，同比增长 98.8%；东北地区硫酸产量为 217.9 万吨，同比减少 4.3%，其中黑龙江省硫酸产量增幅最高，同比增长 330.9%；东北地区烧碱产量为 87.1 万吨，同比下降 14.4%，三个省份产量均有下降（见表 11-1）。

表 11-1　2021 年东北地区主要石化产品生产情况

东北地区	乙　烯		硫　酸		烧　碱	
	产量/万吨	同比增长率/%	产量/万吨	同比增长率/%	产量/万吨	同比增长率/%
辽宁	365.6	98.8	129.9	-8.8	64.9	-15.2
吉林	63.2	-26.5	64.3	-19.5	2.1	-19.9
黑龙江	113.6	-13.3	23.7	330.9	20.1	-11.2
东北地区总计	542.4	35.3	217.9	-4.3	87.1	-14.4

（数据来源：Wind 数据库，2022 年 04 月）

二、市场情况

以黑龙江为例，甲醇的价格走势与江苏、安徽、内蒙古基本类似，呈整体平稳短期波动形状。上半年价格在 2200 元/吨左右小幅度震荡。下半年价格在 9—10 月经历一次大幅度上涨和回调，10 月中旬达到峰值 4100 元/吨，涨幅高达 74.5%。之后价格回归到 2350 元/吨，与 2021 年年初价格持平（见图 11-1）。

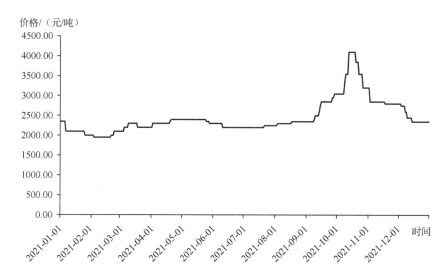

图 11-1　2021 年黑龙江省甲醇市场价格走势

（数据来源：Wind 数据库，2022 年 04 月）

第二节　钢铁行业

一、生产情况

2021 年，东北地区生铁、粗钢和钢材产量为 9237.28 万吨、10 001.92 万吨和 10 501.07 万吨，分别同比增长 11.1%、6.4% 和 4.6%。2021 年东北地区生铁、粗钢和钢材产量占全国总产量的比重分别为 10.6%、9.7% 和 7.9%，粗钢、钢材较上年同期略有上升，生铁稍有下降（见表 11-2）。

表 11-2 2021 年东北地区钢铁生产情况

东 北 地 区	生　　铁		粗　　钢		钢　　材	
	产量/万吨	同比增长率/%	产量/万吨	同比增长率/%	产量/万吨	同比增长率/%
辽宁	7024.68	-2.9	7502.41	-1.4	7759.09	2.4
吉林	1366.05	-3.0	1538.92	0.9	1790.6	7.8
黑龙江	846.55	-1.9	960.59	-2.6	951.38	8.2
东北地区总计	9237.28	-2.8	10 001.92	-1.2	10 501.07	3.8

（数据来源：Wind 数据库，2022 年 4 月）

二、市场情况

2021 年，东北地区螺纹钢价格和热轧板卷价格走势相同，呈先上行后下行特点。以直径为 20 毫米的 400MPa 螺纹钢价格为例，1 月后价格上行，5月达到高点后 6 月短暂回落，随后震荡上行到 9 月出现波峰，之后缓慢下行。12 月底，沈阳和哈尔滨螺纹钢的价格分别为 4630 元/吨、4780 元/吨，分别较上年末增长了 12.1%、14.1%，热轧板卷的价格分别为 4560 元/吨、4600元/吨，分别较上年末上涨了 2.9% 和 3.1%（见表 11-3）。

表 11-3 2021 年东北地区重点城市 20 毫米螺纹钢和 4.75 毫米热轧板卷价格

（单位：元/吨）

时　　间	螺　纹　钢		热轧板卷	
	沈阳	哈尔滨	沈阳	哈尔滨
2020 年 12 月底	4130.00	4190.00	4430.00	4460.00
2021 年 1 月下旬	4130.00	4190.00	4310.00	4380.00
2021 年 2 月底	4580.00	4610.00	4730.00	4770.00
2021 年 3 月底	4940.00	4940.00	5280.00	5320.00
2021 年 4 月底	5220.00	5250.00	5630.00	5660.00
2021 年 5 月底	5240.00	5270.00	5470.00	5510.00
2021 年 6 月底	4810.00	4910.00	5260.00	5300.00
2021 年 7 月底	5370.00	5390.00	5770.00	5810.00
2021 年 8 月底	5280.00	5270.00	5670.00	5720.00
2021 年 9 月底	5910.00	5900.00	5730.00	5780.00

时　间	螺　纹　钢		热 轧 板 卷	
	沈阳	哈尔滨	沈阳	哈尔滨
2021 年 10 月底	5340.00	5390.00	5320.00	5360.00
2021 年 11 月底	4770.00	4900.00	4600.00	4640.00
2021 年 12 月底	4630.00	4780.00	4560.00	4600.00

（数据来源：Wind 数据库，2022 年 04 月）

第三节　有色金属行业

一、生产情况

2021 年，东北地区十种有色金属产量达到 129.7 万吨，较上年同期减少 13.8%，占全国总产量的 2%。其中，辽宁十种有色金属产量位居东北地区首位，产量达到 103.7 万吨，较上年同期减少 16.7%，占东北地区十种有色金属总产量的 80%。黑龙江十种有色金属产量同比增加 17.4%（见表 11-4）。

表 11-4　2020—2021 年东北地区十种有色金属生产情况

东 北 地 区	2021 年		2020 年	
	产量/万吨	同比增长率/%	产量/万吨	同比增长率/%
辽宁	103.7	-16.7	124.6	-2.5
吉林	10.4	-17.5	12.6	-3.8
黑龙江	15.5	17.4	13.2	473.9
总计	129.7	-13.8	150.4	5.0

（数据来源：Wind 数据库，2022 年 4 月）

二、市场情况

以大连为例，2021 年年初，铜现货平均价格震荡上行，5 月涨至年内高点 71 206 元/吨，之后下降，7—9 月铜价稳定运行。10 月铜价回调至 72 660 元/吨，至年底平稳下行。12 月铜价达 69 567 元/吨，较年初上涨 17.7%（见图 11-2）。

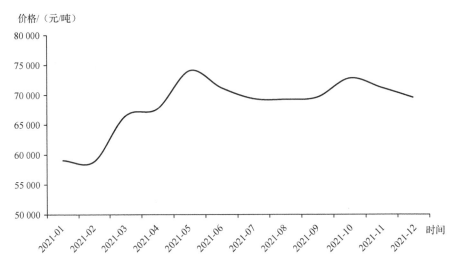

图 11-2　东北地区典型城市铜市场价格

（数据来源：Wind 数据库，2022 年 4 月）

第四节　建材行业

一、生产情况

2021 年 1—12 月，东北地区水泥产量为 9008.1 万吨，从产量看，辽宁省最高，为 1085.0 万吨；从增速看，最高的为吉林省，同比增长 6.5%。平板玻璃产量为 5884.3 万重量箱，辽宁省产量最高，为 4417.7 万重量箱，黑龙江省增速最快，同比增长 29.4%（见表 11-5）。

表 11-5　2021 年 1—12 月东北地区主要建材产品生产情况

东 北 地 区	水　泥		平 板 玻 璃	
	产量/万吨	同比增长率/%	产量/万重量箱	同比增长率/%
辽宁	4718.5	-11.6	4417.7	-5.7
吉林	2120.7	6.5	950.3	-20.7
黑龙江	2168.9	1.6	516.3	29.4
东北地区总计	9008.1	4.8	5884.3	-6.3

（数据来源：Wind 数据库，2022 年 4 月）

二、市场情况

2021 年，东北地区水泥价格总体呈现上半年平稳运行，下半年大幅度波动态势。年内最高价出现在 10 月底的沈阳，价格为 720.0 元/吨。最低价出现在 3 月底的沈阳，价格为 403.0 元/吨（见表 11-6）。

表 11-6　2021 年东北地区重点城市水泥价格（单位：元/吨）

时　间	沈　阳	长　春	哈　尔　滨
1 月底	433	412	463
2 月底	433	412	464
3 月底	403	438	463
4 月底	427	438	466
5 月底	437	438	466
6 月底	437	468	466
7 月底	437	468	466
8 月底	437	470	464
9 月底	487	492	477
10 月底	720	710	711
11 月底	595	710	677
12 月底	453	622	647

（数据来源：Wind 数据库，2022 年 4 月）

园区篇

第十二章

上海化学工业园区

第一节　发展现状

上海化学工业园区（以下简称"园区"）于 1996 年 8 月批准设立，地处杭州湾北岸，横跨金山、奉贤两区，规划面积 29.4 平方千米。园区以石油和天然气化工为重点，发展合成新材料、精细化工等石油深加工产品，构建乙烯、异氰酸酯、聚碳酸酯等产品系列，是国家新型工业化产业示范基地、国家级经济技术开发区、国家生态工业示范园区、国家循环经济工作先进单位。

"十三五"期间，上海化学工业园区将坚持"立足上海、放眼全球"的战略定位，按照"做强化工产业、做实安全环保、做优营商环境、做精管理服务、做深产城融合"的发展要求，以智慧园区建设为突破口，以科创中心建设为抓手，力争实现上海化学工业园区"从大到强、从强到优、从优到精"的迭代升级，将园区建成产品技术高端、安全环保先进、智能高效显著，具有国际竞争力的世界级石化产业基地和循环经济示范基地。"十三五"期间，园区工业总产值突破千亿级，年均增长 4.7%。利润总额五年累计 907 亿元，占园区建园来盈利总额的近 80%，较"十二五"提高 708.5%。上缴税金五年累计 540 亿元，较"十二五"增长 112.9%，占园区建园来税收总额的近 60%。完成固定资产投资 170 亿元，战略性新兴产业产值占园区工业总产值比重达 42.5%，较"十二五"期末提升 11.7 个百分点。

目前，园区企业主要包括德国巴斯夫、美国亨斯迈、日本三井等世界著名跨国化工企业，荷兰孚宝、法国液化空气集团、苏伊士集团、美国普莱克斯等世界著名公用工程公司和中石化、上海石化、高桥石化、华谊集团等国内大型骨干企业。

第二节 发展经验

一、积极发展循环经济

园区出台化工区产业绿色发展专项扶持政策，支持企业节能减排、资源化利用等，建立"水厂—企业—污水处理厂—湿地处理系统—区内河道系统"的人工生态湿地废水处理及再利用系统，建设移动式光伏发电机组。"十三五"末期，园区万元产值能耗较"十二五"末期下降 16%，废水 COD、总氮、总磷去除率分别达到 20%～30%、65%～85%、45%～55%，年节能量达 1.4 万吨标煤，CO_2 年减排量达 3.9 万吨。

二、积极推动科技创新

园区围绕"核心圈、示范圈、放大圈"功能布局，着力打造科创研发、成果转化、科创服务三大板块，构建"政、产、学、研、用、资"协同创新生态系统。聚焦电子化学品、高性能材料、微反应等方向，支持跨国公司、国有、民营等各种类型企业发展创新中心、技术中心，通过开放式创新、联合技术攻关等方式推动技术进步。调动创新联盟资源，吸引研发机构入驻、优化科创大赛选拔方式，揭榜挂帅，促进科创资源聚集，成立了上海国际化工新材料创新联盟，占地 5.8 万平方米的科创基地一期建成，朗盛亚太应用开发中心等项目落户。连续举办两届"SCIP+"绿色化学化工创新创业大赛，发布促进科技创新和成果转化专项扶持政策，开展诺奖科学家进化工区、法国科技之旅上海站等一系列海外合作交流活动。

三、加快智慧园区建设

园区确定了"1+1+3+6+X"的总体框架，先后发布了园区《智慧政务信息系统资源交换接口标准》《智慧政务信息资源目录体系规范》，出台了智慧园区建设工作制度、专项支持实施办法、项目建设管理办法等。完成建设了大数据智慧决策平台、云计算中心、智慧公安、智慧消防、智慧医疗、智慧海事、智慧海关、智慧管廊等。展开智慧化工园区示范单位建设，赛科、科思创、巴斯夫、华谊新材料等企业智能工厂建设全面开展。

四、全面优化营商环境

推进园区精细化管理，建立"全覆盖、全天候、全过程"的工作机制。

化三消防站工程、医疗救护综合大楼暨直升机停机坪等重点工程建成启用。道路大修、绿化提升改造等市政基础设施加快建设，绿色共享通勤班车投运。推进"三个一批"行政审批改革，全面实施告知承诺制度，简化审批服务流程。落实放管服改革要求，升级化工区行政服务中心，建设政务服务"一网通办"，提供 24 小时"不打烊"服务。

五、建立融合长效机制

坚持协调发展，推动区域经济社会共享共赢。联合长三角地区 16 家重点化工园区成立长三角化工园区一体化发展联盟，编制长三角地区石化产业一体化发展规划。进一步优化金山、奉贤分区一体化管理工作方案，推进分区管理水平提升，两个分区均入选国家绿色园区。构建"造血"长效机制，为金山、奉贤两区累计提供分享税收所得 124 亿元。持续推进"公众开放日""好邻居、双结对""爱心助医"等品牌活动，累计接待公众超过 5000 人次。

第十三章

成都天府新区半导体材料产业功能区

第一节　发展现状

　　成都天府新区半导体材料产业功能区（以下简称"功能区"）位于邛崃市东部，规划面积 33.4 平方千米，是由四川天府新区党工委管委会与邛崃市人民政府按照"总部+基地"模式，于 2018 年开始实施建设。按照规划功能区主要分为新能源动力产业社区、半导体材料产业社区、环高校知识经济创智产业社区、科创人居示范产业社区、传统产业升级及城市有机更新产业社区。其中，新能源动力产业社区，规划面积 6.8 平方千米，以新能源为主导产业，建设"科技创新—电池材料—设备制造—电池总装—梯次利用"新能源电池全产业链基地，重点发展动力电池、储能电池、消费类电池等产业；半导体材料产业社区，规划面积 10.2 平方千米，聚焦半导体材料主导产业，围绕以氮化镓/碳化硅为主的第三代半导体材料、芯片设计及制造、智能终端应用为主导方向；环高校知识经济创智产业社区，规划面积 11.8 平方千米，以四川锦城学院、四川商务高等职业学院为依托，建设"环高校知识经济圈"，重点发展科技研发、高等教育、职业教育、优质基础教育等教育产业；科创人居示范产业社区，规划面积 7.2 平方千米，围绕新能源电池、第三代半导体产业的特征人群消费习惯与需求，加快科技创新平台、特色商业街区、星级酒店、高品质住宅建设，促进城市有机生长；传统产业升级及城市有机更新产业社区，规划面积 19.9 平方千米，以原羊安工业园区聚集的家居、涂料等产业为基础，推动企业加快向智能家居、新型涂料等产业转型升级，促进产业动能转换，加大闲置低效用地盘活利用，依法腾退落后产能，为功能区主导产业发展预留承载空间。

2018 年全面启动建设以来，功能区按照"一年起步、三年成势、五年成形"的总体目标，以"公园城市"理念，聚力发展新能源、半导体材料主导产业，加快建链补链，推动产业持续优化、加速集聚，实现了新兴产业集聚成势，基础设施从无到有的新城蝶变。

截至 2021 年年末，功能区总产值从 4 年前的 105 亿元增长至 155 亿元，年均增长率 15.9%；规模以上工业企业数从 59 家增至 81 家，占企业总数的 32%；规模以上工业企业产值占功能区总产值 68.8%；工业固投从 85 亿元增长至 90.2 亿元，占全市工业固投 74%。其中，新能源以中国锂电池材料行业领军企业上海璞泰来投资 140 亿元新建 20 亿平方米基膜涂覆一体化项目、20 万吨负极和石墨一体化项目为链主企业，聚集了融捷锂业、广东羚光、九远锂能、苏州博涛等涵盖电池正极、负极、隔膜、电芯、设备制造等相对完备的锂电池产业及国内以光伏设备、晶体硅生长和晶片制造的上市企业"京运通"为代表的光伏产业；新材料以百克晶半导体科技（苏州）有限公司投资 21 亿元的芯片研磨切割及背面金属化生产项目为代表，聚集了半导体企业中微科技、世界有源相控阵领军企业锐芯科技、全国机器人头部企业——李群自动化公司等上下游企业，形成"芯片设计+精密腔体加工+芯片研磨切割设备生产+终端应用"的半导体材料产业生态。

目前，功能区已入驻企业 253 家（投产 232 家、在建 21 家）。其中，世界 500 强企业 1 家（阿克苏）、民营企业 500 强 1 家（科伦药业）、行业 500 强企业 3 家（立邦涂料、三棵树涂料、恒瑞医药），上市企业 7 家（包括璞泰来、三棵树、国民技术、融捷锂业、海宽华源、恒瑞医药、科伦药业）。

第二节 发展经验

一、推进产城融合

近年来，功能区不断优化公共服务配套设施，以"建设区域现代产业中心"为目标，先后完成"六路—湖—桥—中心"建设，累计建成市政道路 36 千米；建成 2111 亩"新城会客厅"泉水湖湿地公园和羊安新城科创中心全面投运，为入驻企业和人才提供良好的办公、生活、生态环境；总投资约 7.15 亿元，总建筑面积约 14.96 万平方米的 778 套人才公寓已陆续投入使用。

二、聚焦提升服务功能

建立高效决策管理体制，探索构建"局司合一"的企业化组织模式，构建"发展服务局+平台公司+街道+政务服务中心"全方位服务模式。成立行政审批羊安分中心，受理下放 55 项行政审批事项权限，统筹政务服务资源，为企业党员群众提供便捷高效的"全天候"管家式服务，实现办事不出功能区。

第十四章

乐山（沙湾）不锈钢产业园区

第一节　发展现状

一、园区概述

乐山（沙湾）不锈钢产业园区（以下简称"园区"）位于四川省乐山市沙湾区，规划面积 35 平方千米，已建成面积 12.11 平方千米，包含不锈钢产业园和钒钛工业园。园区以不锈钢及制品为主导产业，已形成年产不锈钢 70 万吨钢坯，130 万吨热轧，130 万吨冷轧生产能力，配套发展冶金建材、机械铸造、备品配件，主导产业销售收入比重占 90.88%，工业集中度达 89%，产业集中度达 90%。园区现有国家级、省级技术中心 3 家，建成西部首个不锈钢公共研发检测中心，建成占地 600 亩的中国西部不锈钢金属综合交易市场。先后被评为国家新型工业化产业示范基地，四川省"51025"工程重点培育的千亿产业园区，四川省特种钢高新技术产业化基地、四川省生态工业园区示范单位、受表彰的四川省劳动关系和谐工业园区。

第二节　发展经验

一、完善产业链建设

园区强化产业链建设，完善园区产业链，延伸不锈钢材不锈钢制品深加工产业链，已形成"冶炼→热轧→酸洗→冷轧→制品"的完整产业链，建成年产 60 万吨不锈钢板坯、130 万吨不锈钢热轧、130 万吨不锈钢酸洗、37 万吨不锈钢冷轧、20 万吨不锈钢制品生产能力。不锈钢管材产品和高端装饰材

料在西部市场份额分别达到了 35% 和 70%，已成为西部最大的不锈钢生产加工基地，全国七大不锈钢产业集群之一。

二、强化品牌建设

园区依托钒金属产业优势，加强园区品牌建设，先后与东北大学、中科院等高等院校及科研院所达成战略合作，共同申请专利 486 项。德胜钒钛公司跻身"中国企业 500 强""中国民营企业 500 强"，上榜"2019 年四川省绿色经营百佳民营企业 50 强"，作为全省唯一企业入选"中国卓越钢铁企业品牌"。罡宸公司全面恢复产能后，将以"立足 200 系、增产 300 系、拓产 400系"为发展思路，优化产品结构，填补川渝地区再造高端不锈钢种类的空白，推进园区内企业差异化发展，打造西部最大的不锈钢生产加工基地，全国七大不锈钢产业集群之一。

三、强化要素保障

一是建立县级领导挂联企业制度、重点项目和重点企业绿色通道，实行全程代办"一站式"服务。强化电力、天然气等生产要素保障，切实降低企业生产成本。二是充实人才保障，出台相关政策协助园区企业引进钢铁冶炼、铸造等专业技术人才；与北科大、重庆大学、乐山职教集团等合作，招聘中高层管理人才和专业技术人员，充实企业人才队伍。三是积极与国家冶金建材规划设计院对接，加强园区建设规划，引领打造千亿产业园区。

第十五章

南昌国家经济技术产业开发区

第一节　发展现状

南昌国家经济技术产业开发区（以下简称"经开区"）创建于 1991 年 3 月，位于南昌市北郊，靠近长三角、珠三角、闽东南经济圈，产业区面积为 70 平方千米，1992 年 11 月被国务院批准为国家级经济技术产业开发区。区内交通方便、配套完善，有国际机场、铁路货运中心、综合保税区、国际集装箱码头等。全区企业总数约 8000 家，其中规模以上工业企业 169 家，高新技术产业 309 家，世界 500 强和中国 500 强企业 36 家，包含电子信息产业、智能装备制造、生物医药产业及新材料等四大主导产业。新材料方面形成了以江铜产业园、江钨浩运及百利精密刀具、方大新材料和泓泰集团为代表的铜资源深加工产业链，钨粉及稀土金属、钨棒到硬质合金、精密刀具等产品的完整钨产品深加工链及铝资源深加工基地先后被评为"全国首批绿色金融改革创新试验区""全国生态工业园区""全国循环化改造示范园区"等。

第二节　发展经验

一、打造人才高地

经开区积极进行人才队伍建设，形成了中高端人力资源储备。目前，经开区拥有国家级研发中心 5 家，院士工作站 5 家，省级研发中心 86 家，市级研发中心 22 家。同时，经开区内拥有江西财经大学、华东交通大学、江西农业大学、江西理工大学等 20 所高等院校，科研机构 24 所，技工院校 10 所，拥有约 25 万名大学生、职业院校生，形成了集科技与研发于一体的人才高地。

二、加强科技创新

经开区已拥有国家级科技企业孵化器 3 家，国家级众创空间 5 家，省级科技企业孵化器 2 家，省众创空间 4 家。腾讯众创空间（南昌）、北大资源众创空间（南昌）、猪八戒总部、洛客创意产业园和驻区高校创业孵化中心等八大众创平台先后入驻园区；2019 年，发明专利申请量列全省县区（开发区）第一。

三、完善基础配套

经开区在教育、医疗、投资等多方面不断完善基础配套，建有全日制高级中学、小学，有建行、中行，招商银行等各大金融机构，建有集各国建筑风格于一体的环球公园，以及星级宾馆、大型商场、酒店、医院、娱乐场所等设施，涵盖了商贸业、餐饮业、社区服务业、金融服务业、中介服务业等高附加值服务产业等，形成了完善的配套设施。

第十六章

安徽蚌埠高新技术产业开发区

第一节　发展现状

　　安徽蚌埠高新技术产业开发区（以下简称"高新区"）1994 年 4 月经安徽省人民政府批准成立，1995 年 5 月启动建设，总体规划面积为 6.74 平方千米，2010 年 11 月被国务院批准为国家高新技术产业开发区，是国家级科技兴贸出口创新基地、国家新型工业化（硅基新材料）产业示范基地、国家级汽车零部件出口基地、国家级滤清器产业基地。高新区现已形成了电子信息、装备制造及汽车零部件、新材料、生物医药等四大主导产业。高新区内现有各类企业近 1000 家；其中国家高新技术企业 55 家，来自美国、德国、中国台湾、中国香港等十多个国家和地区的外商投资企业 40 家。

　　目前，高新区形成了"一区三园"的产业发展格局。三园分别是：核心园区，天河科技园区及湖滨生态园区。核心园区重点发展电子信息、高端装备制造产业，将形成 LED、新型显示、特色电子、装备制造及汽车零部件、新材料产业的集聚区。天河科技园区将主要发展新能源、新型建材以及生物产业。湖滨生态园区将着力打造集旅游休闲、行政商务、总部经济、高端住宅和科技金融服务等为一体的高端服务配套区。

　　近年来，高新区不断加强创新建设，已建立国家级创新平台 5 个、省级研发平台 20 多个，中科院、中国电子科技集团、中科大等科研院所的科技成果转化孵化中心先后落户高新区。中电科 40 所、41 所"宽带微波毫米波频谱分析仪""地质工程分布式光纤监测关键技术及应用""毫米波与太赫兹测量系统"三个项目分别荣获国家科学技术进步奖一等奖、二等奖。截至目前，获批了 1 个硅基新材料重大产业基地，1 个新型显示器件重大产业工程，

OLED、智慧消防、先进医学、5G 通信、光通信设备、新型元器件等 6 个重大产业专项，初步建立了"1+1+6"战略性新兴产业发展格局。

第二节 发展经验

一、健全工作机制

成立以区党工委、管委会主要负责人为主任的质量发展委员会，建立质量联席会议制度，构建了"党委领导、政府主导、部门联合、企业主责、社会参与"的质量工作格局。将质量发展纳入"十四五"发展规划和管委会重点工作，细化质量强区创建实施方案，落实创建工作任务的压力。制定《高新区创建安徽省质量强区活动实施方案》，明确了创建工作目标、责任分工和措施，强化考核和结果运用。

二、完善要素保障

设立质量发展专项资金 3000 万元，用于品牌创建、知识产权发展及质量发展基础设施建设。近三年累计投入 2.4 亿元资金对质量发展、科技创新、制造强省等进行奖补。制定出台《蚌埠高新区质量提升若干激励政策（暂行）》《蚌埠高新区管委会质量奖评审管理办法》《蚌埠高新区鼓励科技创新促进高新技术产业发展暂行办法》等一系列激励政策文件，加快培育发展新动能。

三、加大宣传培训

一是扎实开展质量宣传培训活动。全年组织开展首席质量官、卓越绩效管理、缺陷产品召回等各类培训 500 余人次。在中国品牌日、质量月、中国旅游日、"3·15"消费者权益日等期间，组织开展进企业、进学校、进社区等形式多样的宣传活动，全社会关注质量的氛围日益浓厚。二是大力开展质量提升行动。深入开展"四个一"质量提升行动，聚焦硅基产业开展调研，找准产业发展路径。实施疫情防控物资质量提升专项行动，指导企业提高质量安全管理水平。

四、搭建服务载体

一是建立质量基础服务站，创新"一站式"服务。在全市率先挂牌设立质量发展基础"一站式"服务站，提供计量、标准、认证认可、检验检测、质量管理及知识产权、品牌培育等一揽子服务，探索出了企业全生命周期综合服务"一站式"办理实现路径。二是开展五大示范行动，树立质量发展标杆。组织质量标杆企业示范观摩活动，推行卓越绩效管理模式，培育引导企业积极争创政府质量奖、皖美品牌、驰名商标等，促进高新区品牌向安徽品牌、中国品牌、世界品牌转变。

五、强化质量监管

一是推行首席质量官制度。企业首席质量官全部聘任到位、备案到位、培训到位，充分发挥首席质量官质量管理指挥员、监督员、宣传员、守门员的作用，引导他们从"质量管理人"转变为"质量经理人"，推动企业质量文化建设上台阶。

二是完善缺陷产品召回机制。成立区缺陷产品召回工作站，出台缺陷产品召回监督管理实施办法，不断加强对缺陷产品召回的监管力度，实施产品召回三批次。

三是守牢质量安全底线。全面落实"双随机、一公开"监管方式，健全质量监管执法联动机制，高频开展重点领域专项整治行动，近三年未发生安全生产、特种设备以及与产品质量有关的系统性事故。

企业篇

第十七章

巨化集团股份有限公司

第一节　企业基本情况

巨化集团股份有限公司（以下简称"巨化集团"，英文简称"JuHua"）成立于 1958 年 5 月。1992 年，经国家经贸委批准成立企业集团。1997 年，经国务院批准，列入全国 120 家企业集团试点。1998 年 3 月，被认定为浙江省首批国有资产授权管理单位之一。1998 年 6 月，巨化集团单独发行的浙江巨化股份有限公司股票（巨化股份，股票代码：600160）在上海证券交易所上市，公司成立于 1998 年 06 月 17 日，现任总经理韩金铭，主营业务为基本化工原料、食品包装材料、氟化工原料及后续产品的研发、生产与销售。

第二节　企业经营情况

2021 年，公司实现营业收入 179.86 亿元，同比增长 12.03%，净利润 11.09 亿元，同比增长 1062.87%，基本每股收益为 0.41 元。其中，化工行业收入 142.69 亿元，同比增长 34.05%，其他业务收入 37.16 亿元。期末资产总计为 178.94 亿元，营业利润为 11.14 亿元，应收账款为 11.16 亿元，经营活动产生的现金流量净额为 12.47 亿元，销售商品、提供劳务收到的现金为 195.18 亿元。

第三节　企业经营战略

树立强引领性的文化理念。战略观点：打造受人尊敬的企业。企业价值观：创新发展，安全高效，环保健康，尊重和谐。巨化宗旨：蓝天碧水，造福社会。巨化精神：自强，自信，凝聚，汇聚。企业道德：诚实守信，恪尽职守；员工信条：学习，尽职，卓越和奉献。

构建多元化、现代化、国际化的集团战略。集团以蓝天碧水，造福社会为目标，以高新技术产业为龙头，依靠技术、管理和制度创新，推进人才工程，注重产业和资本两大运作，突出氟化工为核心，加快结构调整，培育核心竞争力，以现代物流、信息技术和工程技术为基础，形成精细化工、合成材料和现代服务业三大支柱，打造中国氟化工先进制造基地，打造具有自主创新能力和知名品牌的多元化、现代化、国际化集团。

第十八章

鞍钢集团有限公司

第一节　企业基本情况

　　鞍钢集团有限公司（以下简称"鞍钢"）是国内大型钢铁联合企业。其主要业务包括热轧产品、冷轧产品、中厚板和其他钢铁产品的生产和销售。产品包括 16 大类、600 个品牌、42 000 个规格。同时，鞍钢以钢铁主营业务为重点，积极开展焦化产品及副产品、冶金原燃料、铁合金、电力、工业气体的生产和销售等其他业务，冶金运输、装卸搬运、仓储、技术咨询等物流业务，开发、转让等服务业务，以及标准材料和小型设备的开发、理化性能检测、样品加工、检测设备维护等业务。

第二节　企业经营情况

　　2021 年，鞍钢实现营业收入 1366.74 亿元，同比增长 35.45%；利润总额 89.2 亿元，比上年增长 271.20%；归属于股东的净利润 69.25 亿元，比上年同期增长 250.10%；基本每股收益 0.736 元，比上年增长 250.48%；经营活动产生的现金流净额 128.46 亿元，比上年同期增长 29.55%。

第三节　企业经营战略

　　产品结构多样化。鞍钢拥有较完整的热轧卷、中厚板、冷轧板、镀锌板、彩涂板、冷轧硅钢、重轨、型材、无缝钢管、线材等产品系列，产品种类、规格齐全，广泛应用于机械、冶金、石油、化工、煤炭、电力、铁路、航运、汽车、建筑、家电、航空等行业。

　　数字化、智能化转型升级。鞍钢全面提升钢铁行业综合竞争力，加快智能制造、人工智能和大数据技术的应用，明确了"12345"智能制造顶层设计框架。皮带无人化项目、鲅鱼圈分公司能源集中控制平台等项目如期投产。

第十九章

江西赣锋锂业股份有限公司

第一节 企业基本情况

江西赣锋锂业股份有限公司（以下简称"赣锋锂业"）是世界领先的锂生态企业，拥有五大类逾 40 种锂化合物及金属锂产品的生产能力，是锂系列产品供应最齐全的制造商之一，主要客户包括特斯拉、LG 化学、宝马等新能源产业链头部企业。赣锋锂业的锂电池业务涵盖消费类电池、TWS 电池、动力/储能电池以及固态电池等各领域的技术路径方向，并专注各自的细分市场。为了加快锂电板块的发展，2021 年公司完成了增资扩股，引入了 20 多家战略投资人。

锂矿资源方面，赣锋锂业分别在澳大利亚、阿根廷、墨西哥、爱尔兰、非洲和中国青海、江西等地掌控了多处优质锂矿资源，2020 年还在印度尼西亚布局了红土镍矿。现用的主要锂资源为澳大利亚 MountMarion 项目。

第二节 企业经营情况

2021 年，公司实现营收 111.62 亿元，同比增长 102.07%；净利润 52.28 亿元，同比增长 410.26%；扣非后净利润为 29.07 亿元，同比增长 622.76%；基本每股收益为 3.73 元/股。

2021 年，公司对 Bacanora 进行要约收购并获得其控制权，收购伊犁鸿大 100%资产份额并间接持有青海一里坪盐湖项目 49%股权，收购马里 Goulamina 锂辉石矿项目 50%股权。

第三节　企业经营战略

　　深耕锂行业，为绿色、清洁、健康的社会理念服务。如何在不延缓人类前进脚步的前提下，杜绝温室效应、雾霾等生态问题，让文明得以可持续发展，一直是赣锋锂业致力解决的问题。赣锋锂业通过提供优质电池原料，加快汽车的电动化进程，减少尾气排放；将储能设备应用于太阳能、风力发电，用清洁能源取代传统化石能源；回收废旧电池，避免污染的同时，达成资源循环利用；为药企供应锂化合物，帮助人类抑制心脑血管疾病。

　　最大化资源的利用率。为降低资源消耗，赣锋锂业着重锂盐湖项目开发，利用天然光照提取资源；为避免资源浪费，赣锋锂业不断优化技术手段，提升产品良品率；为彻底利用资源，赣锋锂业将提锂后的副产品输送至水泥、玻璃等行业，实现资源的梯次利用。同时，赣锋锂业从退役电池、含锂溶液等废旧锂材料中回收提取的材料被重新用于化合物、金属、电池等产品的制作中，并将在使用报废后再次进入回收体系，形成完整的资源循环，令有限资源通过无数次利用，发挥无限价值。赣锋锂业将储能设备应用于太阳能、风力发电，以取之不竭的清洁能源，取代有限的化石燃料。

第二十章

北新建材集团有限公司

第一节　企业基本情况

　　北新建材集团有限公司是国务院国有资产监督管理委员会直属中央企业中国建材集团有限公司的子公司，是 1979 年国家投资建设的中国最大的新型建材产业基地，已成为集建材产业投资、新住宅、木材业务、全球贸易服务于一体的综合性企业，它是世界 500 强企业之一。

　　北新建材集团有限公司在品牌、质量、技术和规模上引领着中国新型建材行业的发展。北新建材集团有限公司秉承"善用资源，服务建设"的核心理念，从全球化的角度出发，致力于为公众提供健康环保的绿色建材和节能省地的生态人居环境。

第二节　企业经营情况

　　2021 年，公司实现营业收入 210.8 亿元，同比增长 25.15%；营业利润 37.6 亿元，同比增长 14.05%；利润总额 37.9 亿元，同比增长 13.50%；净利润 35.5 亿元，同比增长 17.40%；归属于上市公司股东的净利润 35.1 亿元，同比增长 22.67%；主营业务收入 209.6 亿元，同比增长 25.04%；主营业务成本 143.1 亿元，同比增长 28.55%。

第三节　企业经营战略

　　持续为行业和社会的可持续发展做出贡献是集团的战略之一。北新建材集团有限公司通过全球资源优化整合，不断为客户提供最优质的产品和服务，致力于为股东、员工、客户和其他利益相关者创造长期价值。

借助"互联网+"构建新的商业模式是集团的第二大战略。北新建材集团有限公司正沿着"一带一路"建设积极谋划，通过不断创新升级，深度融合"互联网+"思维模式，在新住宅、贸易服务等领域打造行业领先的产业平台，打造在全球市场上具有竞争力和影响力的国际品牌，以优质的产品和服务为公众创造价值。

中国稀土集团有限公司

第一节　企业基本情况

中国稀土集团有限公司成立于 2021 年 12 月 23 日，是国务院国有资产监督管理委员会直接监管的多元化股权中央企业。由国务院国有资产监督管理委员会、中国铝业集团公司、中国五矿集团公司、中国钢铁研究技术集团有限公司、友炎科技集团有限公司、赣州稀土集团有限公司共同出资设立。总部设立在江西赣州。公司专注于稀土的研发、勘探开发、分离熔炼、深加工、下游应用、成套设备、产业孵化、技术咨询服务、进出口贸易，致力于打造一流的稀土企业集团。

第二节　企业经营情况

2021 年，公司实现营业收入 10.1238 亿元，同比增长 9.00%；归属母公司净利润 2027.6 万元，同比增长 23.16%；基本每股收益为 0.008 元。

第三节　企业经营战略

构建一体化、集约化的产业体系。在新的发展模式下，公司推进集团化经营和集约化发展，整合创新资源，提高稀土新工艺、新技术、新材料的研发和应用能力，畅通稀土产业链上下游与不同领域的沟通，更好地保障传统产业升级和战略性新兴产业发展。

保持供应和价格，增强发展活力和增长潜力。新能源汽车、风电、绿色家电等领域发展势头持续改善，市场活力和需求潜力不断释放，市场需求稳步增长。主要轻稀土产品的市场价格继续保持上涨趋势，并保持在较高水平，主流产品交易活跃，市场繁荣。公司抓住市场机遇，落实保供保价、稳经营、注重创新、增产促销、降成本、调整结构、加强管理、促进转型、扩大投资、提高效益的要求，大力深化改革释放的发展活力和增长潜力，不断巩固和扩大经营成果，保持良好发展势头，发展质量进一步提升，经营业绩同比取得良好增长。

政　策　篇

第二十二章

2021年中国原材料工业政策环境分析

2021年，我国宏观调控政策向原材料工业倾斜的力度进一步加大，助力材料产业更好地转型升级。内容具体包括：

一是巩固钢铁、水泥、电解铝等行业去产能成果。

二是推动钢铁、有色金属、建材、稀土工业高质量发展。

三把握碳达峰、碳中和给原材料工业带来的新契机。

目前，需完善的配套政策包括新材料扶持政策需加强、质量提升标准体系需完善、危化品企业搬迁改造政策需细化。

第一节　国家宏观调控政策

一、巩固钢铁、水泥、电解铝等行业去产能成果

2021年，各地区、各有关部门继续统筹做好职工安置，"僵尸企业"处置、结构调整、兼并重组、转型升级等工作，深化存量调整，大力提升供给效率，继续推进钢铁、水泥、电解铝等行业化解过剩产能工作。为了更好地推进原材料行业合理化解过剩产能工作，国家发展改革委员会、工业和信息化部等部委在出台《关于做好2020年重点领域化解过剩产能工作的通知》的基础上出台了《关于做好2021年钢铁去产能"回头看"检查工作的通知》，准确把握2021年去产能总体要求，着力巩固去产能成果，对2016—2020年淘汰落后产能项目实施"回头看"，严防已经退出的项目及产能死灰复燃，深化钢铁行业供给侧结构性改革，巩固提升钢铁去产能成果，促进我国钢铁行业兼并重组和转型升级，实现绿色化、智能化发展。2021年工信部先后发布《钢铁行业产能置换实施办法》《水泥玻璃行业产能置换实施办法》，明确

了可实施产能等量置换的情形。

二、推动钢铁、有色金属、建材、稀土工业高质量发展

面对新形势、新要求，为贯彻落实《中华人民共和国国民经济和社会发展第十四个五年规划和2035年远景目标纲要》，加速推动原材料工业体系优化开放与高质量发展。2021年12月21日，工业和信息化部、科技部、自然资源部联合印发了《"十四五"原材料工业发展规划》。"十四五"是原材料工业高质量发展的关键时期，机遇和挑战呈现许多新变化。从机遇看，新发展格局加快构建，国内超大规模市场优势进一步发挥，特别是新兴领域和消费升级对高端材料的需求，为原材料工业持续健康发展提供了广阔空间。我国公平竞争的市场体系日趋完善，特别是各种资源要素向优势领域、企业集聚，为原材料工业强化产业链韧性提供了基础支撑。

新一轮科技革命和产业变革重塑全球经济结构，特别是新一代信息技术和制造业深度融合，为原材料工业转型升级锻造新优势提供了动力源泉。从挑战看，面对经济全球化逆流和新冠肺炎疫情广泛影响，产业链供应链安全风险凸显，拓展国际市场难度明显增加。面对高质量发展新阶段的新形势，钢铁、电解铝、水泥等主要大宗原材料产品需求将陆续达到或接近峰值平台期，规模数量型需求扩张动力趋于减弱。面对资源能源和生态环境的强约束，碳达峰、碳中和的硬任务，人民群众对安全生产的新期盼，原材料工业绿色和安全发展的任务更加紧迫。2021年工业和信息化部和自然资源部联合印发《关于下达2021年度稀土开采、冶炼分离总量控制指标的通知》，目的是严格遵守环境保护、资源开发、安全生产，不断提升稀土开采、冶炼分离、精加工和后端应用的技术工艺水平及原材料转化率，助推稀土行业高质量发展。

三、把握碳达峰、碳中和给原材料工业带来的新契机

2021年《政府工作报告》提出，要扎实做好碳达峰、碳中和各项工作。碳达峰、碳中和行动给我国原材料工业发展带来了机遇与挑战。工信部发布《"十四五"原材料工业发展规划》指出，面对资源能源和生态环境的强约束，碳达峰、碳中和的硬任务，人民群众对安全生产的新期盼，原材料工业绿色和安全发展的任务更加紧迫。加快产业发展绿色化，积极实施节能低碳行动，制定石化、钢铁、有色金属、建材等重点行业碳达峰实施方案，加快推进企业节能低碳改造升级，鼓励有条件的行业、企业率先达峰。推进超低排放和

清洁生产，研究推动重点行业实施超低排放，创新重点行业清洁生产推行模式，强化产品全生命周期绿色发展观念。提升资源综合利用水平，持续提升关键工艺和过程管理水平，提高一次资源利用效率，从源头上减少资源能源消耗。建设一批工业资源综合利用基地，在有条件的地区建立原材料工业耦合发展园区，实现能源资源梯级利用和产业循环衔接。碳达峰、碳中和倒逼工业转型升级发展，为原材料工业发展带来新机遇。

第二节　尚需完善的配套政策

一、新材料配套政策尚需加强

"十三五"期间，我国高度重视新材料产业扶持政策体系的构建，已经通过制定规划、出台专项措施等方式，形成了一批政策措施，但政策内容相对零散，中小企业扶持、人才、金融支持、科技成果转化、卡脖子关键技术突破等政策有待加强。因此，要针对中小企业和民营企业，出台相关科技创新创业扶持政策和措施，使其在细分领域、小批量多品种领域发挥作用，促进产业主体多元化。通过平台建设，加强产业链上下游之间的信息沟通和合作互动，并积极开展信息发布和技术推广，促进技术与资金的有效结合，加快实现成果转化。创新人才激励政策和引进条件，加大人才培养力度，形成以项目为纽带，科技发展与人才发展相互促进、相互支撑的良好局面。加强金融政策向科技企业的有效传导，打通创新链、资金链、产业链，使三者真正联动起来，有效衔接。

二、完善标准体系

健全的标准体系是原材料行业规范市场经济秩序、调整产业结构、转变发展方式、增强自主创新能力、实现高质量发展的重要保障。目前，我国原材料行业标准体系还不完善，存在技术指标宽泛，产品标准和应用标准之间脱节，国内标准在国际市场的认可度和影响力不高，标准对产品、技术、装备和服务"走出去"的促进作用不足等问题，难以满足原材料工业高质量发展的要求。因此，要加大力度制定实施标准化战略的纲领性文件，做好石化、化工、钢铁、有色金属、建材、稀土等主要行业的标准化体系研究和完善工作。推动制定质量分类分级规范，鼓励开展团体标准应用示范。明确具有技术先进性、经济合理性和应用广泛性的质量标准标杆，持续开展重点产品对标达标。充分发挥行业组织、科研机构和学术团体及相关标准化专业组织等主体在标准实施中的作用，推动、监督和评估标准的实施。加强标准外文版的翻译和出版，强化国际标准化合作。

三、碳达峰、碳中和政策体系和实施路径尚未确立

我国二氧化碳排放力争2030年前达到峰值，力争2060年前实现碳中和，是向全世界做出的庄严承诺。工业是我国碳排放的主要领域之一，原材料工业是我国工业中碳排放的重点一环，行业碳排放量占全社会碳排放的比重较大。"十三五"期间原材料行业超前谋划，宝武钢铁、中石化等龙头企业快速响应，在促进行业低碳绿色发展方面探索出了一系列好的经验做法，研发储备了一批节能减排关键技术，取得了初步成效，为我国原材料行业碳达峰、碳中和的实施路径提供了重要借鉴。

原材料工业需要进一步加强顶层设计，做好系统谋划，锚定"两个重大节点"，围绕钢铁、石化、有色金属、建材、稀土等重点行业，加强各方力量统筹，形成工作合力，与"十四五"规划做好衔接，科学制定碳达峰实施方案，明确措施、路径和时间节点要求，力争率先达峰、率先中和，为我国全面实现碳达峰、碳中和做出应有贡献。

第二十三章

2021 年中国原材料工业重点政策解析

2021 年，是"十四五"的开局之年，我国对原材料工业制定了一系列重点政策。在综合性政策方面，有《中华人民共和国国民经济和社会发展第十四个五年规划和 2035 年远景目标纲要》（以下简称《纲要》）等。在行业政策方面，国家出台了一系列重要文件，一方面通过对钢铁、石化、稀土、建材、有色金属等传统产业进行优化升级，大力推进后疫情时期复工复产工作，提升发展质量和效益，印发了《"十四五"原材料工业发展规划》等一系列相关文件；另一方面针对新材料行业印发《重点新材料首批次应用示范指导目录（2021 年版）》等相关文件，推进国家新材料产业资源共享平台建设。

第一节　综合性政策解析

一、《中华人民共和国国民经济和社会发展第十四个五年规划和 2035 年远景目标纲要》解析

（一）政策出台背景

改革开放 40 多年来，从"六五"计划到"十三五"规划，我国政府始终围绕着实现小康这一目标而努力奋斗。党的十九大对实现第二个百年奋斗目标做出战略安排，提出到 2035 年基本实现社会主义现代化，到本世纪中叶把我国建成富强民主文明和谐美丽的社会主义现代化强国。"十四五"规划是全面建设社会主义现代化国家、向第二个百年奋斗目标进军的第一个五年规划，这是"十四五"规划的历史使命和基本定位。新发展阶段是从全面建设小康社会转向全面建设社会主义现代化国家的历史大跨越。

（二）政策主要内容

展望 2035 年，我国将基本实现社会主义现代化。经济实力、科技实力、综合国力将大幅度跃升，经济总量和城乡居民人均收入将再迈上新的大台阶，关键核心技术实现重大突破，进入创新型国家前列。基本实现新型工业化、信息化、城镇化、农业现代化，建成现代化经济体系。

基本实现国家治理体系和治理能力现代化，人民平等参与、平等发展权利得到充分保障，基本建成法治国家、法治政府、法治社会。建成文化强国、教育强国、人才强国、体育强国、健康中国，国民素质和社会文明程度达到新高度，国家文化软实力显著增强。

广泛形成绿色生产生活方式，碳排放达峰后稳中有降，生态环境根本好转，美丽中国建设目标基本实现。形成对外开放新格局，参与国际经济合作和竞争新优势明显增强。人均国内生产总值达到中等发达国家水平，中等收入群体显著扩大，基本公共服务实现均等化，城乡区域发展差距和居民生活水平差距显著缩小。平安中国建设达到更高水平，基本实现国防和军队现代化。人民生活更加美好，人的全面发展、全体人民共同富裕取得更为明显的实质性进展。纲要把创新放在了具体任务的第一位，并明确要求，坚持创新在我国现代化建设全局中的核心地位，把科技自立自强作为国家发展的战略支撑。

《纲要》指出，要强化国家战略科技力量，制定科技强国行动纲要，打好关键核心技术攻坚战，聚焦量子信息、光子与微纳电子、网络通信、人工智能、生物医药、现代能源系统等重大创新领域组建一批国家实验室。同时，制定实施基础研究十年行动方案。

在事关国家安全和发展全局的基础核心领域，制定实施战略性科学计划和科学工程。瞄准人工智能、量子信息、集成电路、生命健康、脑科学、生物育种、空天科技、深地深海等前沿领域，实施一批具有前瞻性、战略性的国家重大科技项目。从国家急迫需要和长远需求出发，集中优势资源攻关新发突发传染病和生物安全风险防控、医药和医疗设备、关键元器件零部件和基础材料、油气勘探开发等领域的关键核心技术。

（三）政策影响

《纲要》突出显示了党带领人民立足新发展阶段、贯彻新发展理念、构建新发展格局的战略全局部署，大气磅礴地展现了开启全面建设社会主义现代化国家新征程的伟大愿景。其中一个重要目标就是全体人民共同富裕取得更为明显的实质性进展。这是推动党和国家事业发展的重大战略，是社会主义制度优势的充分体现。

二、《关于振作工业经济运行 推动工业高质量发展的实施方案》解析

（一）政策出台背景

工业为中华民族伟大复兴奠定物质基础、锻造大国重器、增进民生福祉。新冠肺炎疫情发生以来，党中央、国务院统筹推进疫情防控和经济社会发展各项工作，我国工业率先复工复产，工业经济持续稳定恢复，2020 年我国规模以上工业增加值增长 2.8%，高于 GDP 增速 0.5 个百分点，支撑我国成为全球唯一实现经济正增长的主要经济体。今年以来工业经济努力克服国内外不利因素影响，总体延续稳定复苏态势，1—10 月规模以上工业增加值同比增长 10.9%，两年平均增长 6.3%，增速在主要经济体中继续保持领先，产业链韧性和优势得到提升，为稳定宏观经济增长、保障社会正常运转提供了强大的支撑。

与此同时，也要看到受短期性、周期性和结构性因素叠加影响，第三季度以来工业经济下行压力有所加大，居民消费和投资恢复滞后，大宗原材料价格维持高位，能源要素约束趋紧，疫情导致产业链循环多环节受阻，芯片短缺对汽车等行业生产造成较大制约，部分中小企业生产经营面临较大困难，市场预期趋弱。

工业是国民经济的主体，工业稳则经济稳。刘鹤副总理指出，"在世界面临百年未有之大变局、全球经济充满不确定性的条件下，宏观稳定成为稀缺的资源。"面对各类风险挑战，要更加坚定不移将经济发展着力点放在实体经济上，更加注重政策协调联动，更加注重部门工作合力，统筹跨周期调节和逆周期调节，推动工业经济持续恢复，在高质量发展中行稳致远。

（二）政策主要内容

《关于振作工业经济运行 推动工业高质量发展的实施方案》（以下简称《方案》）从供给、需求、政策等方面多措并举，在精准打通产业链供应链堵点卡点、挖掘市场需求潜力、强化政策扶持、优化发展环境等方面推出一揽子政策举措，打出稳定工业增长"组合拳"。

供给重在"稳"上发力。供给侧结构性改革是高质量发展的主线，供给

稳定也是今后稳固经济基本盘的关键。面对发达国家不断出台刺激政策、国际大宗商品价格高位运行、全球产业链供应链深度调整等新情况新问题，《方案》从三方面入手稳定工业生产：

一是稳供应。重点聚焦能源安全保供、保障民生和重点用户用能需求、保障工业发展合理用能三个方面，缓解前期限电限产造成的震荡。

二是稳价格。通过增加大宗原材料有效供给、完善国家储备调节机制、强化大宗商品期现货市场监管等手段，遏制过度投机炒作，稳定价格预期。

三是稳产业链供应链。一方面建立苗头性问题预警机制，及时处置潜在风险；另一方面重点保障产业链供应链重点环节、重点企业平稳运行，减小突发事件对产业链供应链冲击，保障产业链供应链循环畅通。

需求重在"振"上发力。扩大有效需求是构建新发展格局的关键环节，是拓展供给空间的重要手段。疫情的持续反复对需求侧恢复产生了较大抑制，市场产生一定观望情绪。《方案》从提振需求、挖掘需求潜力等方面采取多项措施：

一是提振投资。一方面加快实施"十四五"规划重大工程、重大项目，加快推进新型基础设施建设，加快推动重大外资项目落地，通过大项目大投资来提振需求；另一方面大力推进重点领域企业技术改造，开展智能制造业工厂建设，促进传统产业数字化转型，通过转型升级来提升增强潜力、增强发展的后劲。

二是提振消费。加快培育新业态新模式，引领新型消费加快发展；加快新能源汽车应用，鼓励家电以旧换新、提升品牌消费和线上消费等促进高端消费发展，深挖消费潜力。

三是提振外贸外资。以外资准入负面清单、外商投资产业目录等为引领，进一步增强制造业对外资吸引力；通过出口信贷政策、构建全球物流网络等措施，着力降低企业出口成本，巩固外贸持续稳定向好势头。

政策重在"准"上发力。政策扶持引导是工业高质量发展的驱动力，精准护航对工业行稳致远至关重要。新冠肺炎疫情突发以来，我国果断出台系列宏观对冲政策，为有效遏制疫情冲击、加快经济恢复起到了积极作用。《方案》延续宏观政策预调微调和跨周期调节的总基调，在结构调整、精准发力方面提出一揽子政策：

一是聚焦重点。重点产业既关注钢铁、汽车、石化、船舶等产业结构性调整，也关注 5G、两业融合等新产业新业态培育；重点地区既关注粤港澳大湾区、长江经济带、京津冀、黄河流域等区域发展部署，也关注产业转移示范区的缓冲作用；重点企业主要聚焦多重压力下的中小企业，在财税金融等方面做出系列部署，力求政策精准滴灌，效果事半功倍。

二是聚焦要素提质增效。技术方面，强化能效标准引领，提升传统产业节能降碳水平，适应我国"双碳"发展需求；资本方面，加大制造业融资支持，通过完善制造业中长期融资机制、创新"银担"合作、"补贷保"联动试点等配套支持政策、深化产融合作等手段，引导金融资源向制造业、绿色低碳领域汇聚；人才方面，围绕开展职业技能培训、完善劳动力供需对接、完善中西部和东北地区基础设施等方面，破解企业用工难题，为工业发展提供人才保障。

（三）政策影响

面对工业经济出现的新的下行压力，发展改革委员会与工业和信息化部及时联合出台《方案》，对提振市场信心、提高运行质量、加快工业高质量发展具有重要现实意义。

《方案》有利于提振市场信心，稳定工业增长预期。受疫情冲击影响，许多国家经济出现反复波动，经济脆弱性上升，我国经济顶住巨大压力实现持续增长，表现出强大韧性，为有效应对各种风险挑战提供了强有力保障。经济增长往往呈现周期性波动，但大起大落会破坏生产要素和社会稳定。及时出台《方案》，将有助于积极化解当前面临的各种突出问题和潜在风险，提振市场信心，稳定工业增长预期。

《方案》有利于提高运行质量，推动工业高质量发展。现阶段，我国仍处于并将长期处于社会主义初级阶段，还面临一系列发展不平衡不充分问题，要在发展中解决这些问题，还必须要保持一个合理区间的经济增长速度。与此同时，我国经济发展面临的要素条件、组合方式、配置效率等都在发生变化，面临的资源环境等硬约束明显增多，高质量发展成为突破重重约束、实现发展方式转型的必然选择。工业高质量要以经济平稳运行为前提，加快转型升级和创新发展，推动产业迈向中高端。《方案》一系列措施的落地有助于稳定工业经济增速，提高发展质量，推动实现质的稳步提升和量的合理增长。

《方案》有利于做好今明两年政策衔接，实现"十四五"良好开局。党的十九届五中全会提出，到 2035 年我国基本实现社会主义现代化，人均国内生产总值达到中等发达国家水平，中等收入群体显著扩大。要实现这一目标，意味着未来十五年，我国 GDP 总量和人均 GDP 要翻一番。"十四五"

开好局，对实现 2035 年远景目标具有重大意义。2021 年前三季度，我国 GDP 增长 9.8%，两年平均增长 5.2%，较疫情前 6% 以上的增速有所回落。稳住第四季度，对巩固疫情以来的发展成果、争取 2023 年一季度"开门红"、尽快回归常态化发展至关重要。《方案》立足今年，谋划明年，承前启后，将为工业平稳运行和高质量发展营造更加良好的政策环境。

第二节 行业政策解析

一、《"十四五"原材料工业发展规划》解析

（一）政策出台背景

原材料工业包括石化、钢铁、有色金属、建材等行业，也包括新材料产业，是实体经济的根基，是支撑国民经济发展的基础性产业和赢得国际竞争优势的关键领域，是产业基础再造的主力军和工业绿色发展的主战场。"十三五"以来，在党中央、国务院的坚强领导下，在各方的共同努力下，原材料工业转型升级成效显著，综合实力稳步增长，国际竞争力持续增强。但当前短板和瓶颈依然突出，中低端产品严重过剩与高端产品供给不足并存，关键材料核心工艺技术与装备自主可控水平不高，绿色低碳发展任重道远，数字化水平难以有效支撑高质量发展，关键战略资源保障能力不强等问题亟待加快解决。

面对新形势、新要求，为贯彻落实《中华人民共和国国民经济和社会发展第十四个五年规划和 2035 年远景目标纲要》，加速推动原材料工业体系优化开放与高质量发展，工业和信息化部、科技部、自然资源部联合编制了《"十四五"原材料工业发展规划》（以下简称《规划》）。

（二）政策主要内容

《规划》坚持以习近平新时代中国特色社会主义思想为指导，全面贯彻党的十九大和十九届历次全会精神，立足新发展阶段，完整、准确、全面贯彻新发展理念，加快构建新发展格局，以推动高质量发展为主题，以深化供给侧结构性改革为主线，以改革创新为根本动力，以满足人民日益增长的美好生活需要为根本目的，统筹发展和安全，着眼提升产业基础高级化和产业链现代化水平，着力优化传统产业和产品结构，培育壮大新材料产业，加速

信息技术赋能，补齐产业链短板，实现低碳可循环，促进产业供给高端化、结构合理化、发展绿色化、转型数字化、体系安全化，为推动制造强国建设再上新台阶，为全面建设社会主义现代化国家开好局、起好步提供有力支撑。

《规划》按照"创新引领、市场主导、供需协调、绿色安全"的基本原则，提出了未来 5 年的总体发展方向和 15 年远景目标。到 2025 年，原材料工业保障和引领制造业高质量发展的能力明显增强；增加值增速保持合理水平，在制造业中比重基本稳定；新材料产业规模持续提升，占原材料工业比重明显提高；初步形成更高质量、更好效益、更优布局、更加绿色、更为安全的产业发展格局。到 2035 年，成为世界重要原材料产品的研发、生产、应用高地，新材料产业竞争力全面提升，绿色低碳发展水平世界先进，产业体系安全自主可控。

（三）政策影响

《"十四五"原材料工业规划》是我国首次发布不分行业的规划，将石化、钢铁、有色金属、建材、新材料产业等行业统一包含在《规划》内是历史上的第一次。"十四五"是原材料工业高质量发展的关键时期，机遇和挑战呈现许多新变化。从机遇看，新发展格局加快构建，国内超大规模市场优势进一步发挥，特别是新兴领域和消费升级对高端材料的需求，为原材料工业持续健康发展提供了广阔空间。《规划》的发布意味着我国公平竞争的市场体系日趋完善，特别是各种资源要素向优势领域、企业集聚，为原材料工业强化产业链韧性提供了基础支撑。新一轮科技革命和产业变革重塑全球经济结构，特别是新一代信息技术和制造业深度融合，为原材料工业转型升级锻造新优势提供了动力源泉。从挑战看，面对经济全球化逆流和新冠肺炎疫情的广泛影响，产业链供应链安全风险凸显，拓展国际市场难度明显增加。面对高质量发展新阶段的新形势，钢铁、电解铝、水泥等主要大宗原材料产品需求将陆续达到或接近峰值平台期，规模数量型需求扩张动力趋于减弱。面对资源能源和生态环境的强约束，碳达峰、碳中和的硬任务，人民群众对安全生产的新期盼，原材料工业绿色和安全发展的任务更加紧迫。

二、《重点新材料首批次应用示范指导目录（2021 年版）》解析

（一）政策出台背景

新材料是先进制造业的支撑和基础，其性能、技术、工艺等直接影响电

子信息、高端装备等下游领域的产品质量和生产安全。新材料进入市场初期，需要经过长期的应用考核与大量的资金投入，下游用户首次使用存在一定风险，客观上导致了"有材不好用，好材不敢用"、生产与应用脱节、创新产品推广应用困难等问题。

建立新材料首批次保险机制，新材料的性能、技术、工艺等直接影响电子信息、高端装备等下游领域的产品质量和生产安全，保险机制对提升我国新材料产业整体发展水平具有重要意义。

自 2017 年以来，工业和信息化部联合财政、保监部门开展了重点新材料首批应用保险补偿机制试点工作。为做好 2021 年首批次试点工作，工业和信息化部组织修订了《重点新材料首批次应用示范指导目录》（以下简称《目录》）。

（二）政策主要内容

《目录》中列出了先进基础材料、关键战略材料、前沿新材料 3 大类合计 331 个品类的重点新材料，内容包括材料名称、性能要求及应用领域。其中，先进基础材料大类下有先进钢铁材料、先进有色金属材料、先进化工材料、先进无机非金属材料、其他材料 5 个小类，涉及 228 个品类的重点材料；关键战略材料大类下有高性能纤维及复合材料、稀土功能材料、先进半导体材料和新型显示材料、新型能源材料 4 个小类，涉及 83 个品类的重点材料；前沿新材料大类下有 9 个小类，主要为石墨烯及粉末材料，涉及 20 个品类的重点材料。

（三）政策影响

《重点新材料首批应用示范指导目录（2021 年版）》中新材料品种应用领域是 2019 年版《目录》的延续并有所增加。《目录（2021 年版）》符合《新材料产业发展指南》提出的重点领域发展方向，目录中的产品在品种、规格、性能或技术参数等方面有重大突破，具有自主知识产权，处于市场验证或初期应用阶段，技术含量和附加值高，市场前景广阔，具有较强的示范意义。推行重点新材料首批应用保险补偿机制，有助于加速解决新材料应用的初期市场瓶颈，激活和释放下游行业对新材料产品的有效需求。

热 点 篇

第二十四章

化工园区认定管理办法出台，广泛开展化工园区认定

第一节　背景意义

　　化工园区是化工行业发展的主阵地，在推动安全统一监管、加强环境集中治理和促进上下游协同等方面发挥了重要作用。当前，我国化工园区主要存在发展水平参差不齐，规划布局不尽合理、配套设施尚不完善、专业监管能力不足等问题，存在较高安全环境风险，规范化发展迫在眉睫。党中央、国务院高度重视化工园区的绿色安全发展，中共中央办公厅、国务院办公厅印发《关于全面加强危险化学品安全生产工作的意见》，明确要求制定化工园区建设标准、认定条件和管理办法。《化工园区认定条件和管理办法（试行）》的出台，对推动我国化工园区规范化建设和促进化工产业高质量发展意义深远。

第二节　主要内容

　　2021 年 4 月，工信部等部门起草《化工园区认定条件和管理办法（试行）》并形成征求意见稿，公开向社会各界征求意见。2021 年 12 月 28 日，工业和信息化部、自然资源部、生态环境部、住房和城乡建设部、交通运输部、应急管理部联合印发《化工园区建设标准和认定管理办法（试行）》（工信部联原〔2021〕220 号，下称《办法》）。从国家层面首次制定了化工园区的认定标准和管理规范，为高标准规范我国化工园区建设提供基本遵循依据。该《办法》分别从园区设立、管理机构、园区选址、规划、安全环保、应急救援等方面提出约束性指标要求，是各省份制定管理细则必须达到的基本要求；明确了化工园区认定机构、认定程序，地方、有关部门职责，并对认定化工园区动态管理、未通过认定化工园区处置、新设立化工园区管理和定期公布认定化工园区名单、企业数量、安全环保情况等工作提出要求。此外，还明确了对地方的工作要求及文件实施时间。

2021 年，我国化工园区认定工作稳步推进。新疆生产建设兵团、福建、甘肃、内蒙古、江西、吉林、河北、河南、湖南、湖北、贵州、四川等省份发布了首批或多批化工园区认定名单。根据中国石化联合会园区委数据，截至 2021 年年底，我国已有 20 个省份及新疆生产建设兵团发布了首批或多批化工园区的认定名单，合计 502 家化工园区通过认定。

截至 2022 年 4 月，各省市陆续开展化工园区认定审核工作。陕西、山西、河北、安徽、黑龙江、四川、贵州、宁夏等地区认真贯彻落实化工园区认定管理办法，已组织开展化工园区认定，并定期组织已通过认定的化工园区开展自评和复核。

第三节　事件影响

针对我国化工园区发展存在的不规范问题，此前，已有多个省、市、自治区先后出台了化工园区的认定管理办法，对于规范辖区内的化工园区管理发挥了积极作用。但无论是对化工园区的认定标准、评价尺度，还是对时间界线等均有较大差异，难以形成统一评价标准，总体上不够规范。此次《办法》的出台，很好地解决了"一把尺子"的问题，对化工园区规范化发展、化工行业安全、绿色化发展意义深远。

第二十五章

鞍钢重组本钢

第一节　背景意义

　　鞍钢和本钢是两家历史悠久、具有光荣传统的钢铁企业，前者被誉为"新中国钢铁工业的摇篮"，后者被誉为"共和国的功勋企业"，在我国钢铁行业发展中发挥着重要作用。2020 年，二者粗钢产量分别位居全国第 4 和第 11 位，并且在铁矿资源储备和采选技术方面都有优势。在钢铁行业加速兼并重组的背景下，鞍钢重组本钢是深化钢铁行业供给侧结构性改革、推动行业高质量发展的重要举措，对有效整合资源，维护我国钢铁行业产业链供应链安全稳定具有重要意义。

第二节　主要内容

　　在 2021 年政府工作报告中，辽宁省将推进本钢等国企战略性重组和混合所有制改革作为深化国资国企改革的重要任务之一。2021 年 4 月 15 日，重组工作进入实质性阶段，鞍钢和本钢分别成立了战略规划组、信息化组等14 个工作组，相互对标。2021 年 8 月 18 日，本钢板材发布公告称，辽宁省国资委收到国务院国资委、辽宁省人民政府联合下发的通知，同意鞍钢集团对本钢集团实施重组，由辽宁省国资委向鞍钢集团无偿划转本钢集团 51% 股权，标志着本钢正式加入鞍钢大家庭。重组之后，双方在科技融合方面做了大量工作，建立了鞍本科研项目协同、科研成果共享、研发平台协同、社会资源协同、重大项目联合攻关 5 方面的协同创新机制。

　　此次重组是一次综合性改革，在鞍钢层面将实现股权多元化，在本钢层面将推动混改，全面推进价值链核心业务协同整合，加速释放聚合效能，实现从体量规模的扩大到效率效益的提升。重组后的"新鞍钢"将按照"要素管控+管理移植"和"战略引领+资源协同"两条主线，同步开展管理整合和业务整合工作，计划"一年管理一体化、两年运营一体化、三年完全融合"。

第三节 事件影响

首先，重组之前，鞍钢、本钢之间同质化竞争问题突出，难以形成发展合力，重组之后，二者将在业务协同、整合方面发挥巨大优势，以更加强大的姿态一致对外，深刻影响区域竞争格局。其次，鞍本重组将为钢铁行业解决控产能、提升集度和资源保障三大痛点做出巨大贡献。由于资源禀赋和创新实力，鞍钢重组本钢后，将能够巩固并增强全产业链优势，畅通双循环发展堵点，成为保障国家战略资源安全的"压舱石"，以及成为原创技术和关键核心技术的供给者和应用者。

可以说，鞍本重组为未来中国钢铁进一步实施战略布局调整，整体提高产业集中度，推进产业迈向中高端，重塑世界钢铁竞争力版图，起到强大推动作用，影响深远。

第二十六章

中国铝业集团有限公司和山东魏桥创业集团有限公司联合发布《加快铝工业绿色低碳发展联合倡议书》

第一节 背景意义

从国家提出"生态文明""绿色发展",到习近平总书记在第七十五届联合国大会一般性辩论上向国际社会做出"碳达峰、碳中和"郑重承诺,绿色发展、实现"双碳"目标已经成为必然趋势。铝工业是有色金属行业最大的二氧化碳排放来源,践行绿色发展理念、勇担减排重任已是铝行业无法回避的发展路径,责无旁贷。

为推动我国铝行业实现碳达峰目标和碳中和愿景,加快建立绿色低碳高效发展新格局,2021 年 1 月 15 日,中国铝业集团有限公司和山东魏桥创业集团有限公司联合发布《加快铝工业绿色低碳发展联合倡议书》。

第二节 主要内容

《加快铝工业绿色低碳发展联合倡议书》(以下简称《倡议书》)中倡议:全国铝工业企业要坚决贯彻习近平总书记的重要精神,把握珍惜新发展阶段,全面落实新发展理念,率先联合行动,积极主动作为,要加快建立绿色低碳高效循环的新发展格局,打造高质量发展新模式,率先推动铝工业走出一条清洁低碳、安全高效、智能发展的可持续发展之路。

《倡议书》从严格控制总量、优化能源结构、加快技术进步、发展循环

经济、推动节能降耗、拓展铝的应用、加强国际合作 7 个方面提出了铝行业绿色低碳发展的具体建议，鼓励企业构建循环经济体系，促进行业低碳发展。

第三节　事件影响

《加快铝工业绿色低碳发展联合倡议书》的发布，表明了中国铝业集团有限公司和山东魏桥创业集团有限公司坚决落实"双碳"目标的态度和决心，为全行业积极践行绿色低碳发展理念、履行企业社会责任指明了方向、坚定了信念，对于推动行业低碳转型、助力国家"双碳"目标和应对全球气候变化做出积极贡献。

第二十七章

七部委发文提升水泥质量，规范水泥市场秩序

第一节　背景意义

　　水泥作为建筑工程中最基础、最原始的材料，对建筑的稳定性起着至关重要的作用。具有防腐蚀、耐高温、抗震等特点，广泛应用于工业建筑、民用建筑、交通工程、水利工程、海港工程、国防建设等新兴工业和工程建设等领域。推动水泥行业的高质量发展，对我国实现制造强国、实现绿色低碳发展意义重大。近年来，水泥行业发展总体向好，但产能过剩的结构性矛盾未得到根本解决，市场秩序仍旧混乱，部分地区在一定程度上还存在政策执行不到位、监管薄弱等问题，严重制约行业的高质量发展。

第二节　主要内容

　　近年来，我国出台多项建材行业政策。2016 年，国务院办公厅发布了《关于促进建材工业稳增长调结构增效益的指导意见》；2017 年，工业和信息化部等十六部门联合发布了《关于利用综合标准依法依规推动落后产能退出的指导意见》；2019 年，国家发展改革委员会发布了《产业结构调整指导目录（2019 年版）》等文件，要求建材行业坚决淘汰落后和化解过剩产能；2020 年，工信部和生态环境部发布的《关于进一步做好水泥常态化错峰生产的通知》，明确推动全国水泥错峰生产地域和时间常态化；2021 年，工业和信息化部印发的《水泥玻璃行业产能置换实施办法》，进一步明确了要严控水泥新增产能。

2021 年 5 月 25 日，国家市场监督管理总局、工业和信息化部、国家发展改革委员会、生态环境部、商务部、海关总署和国家知识产权局联合发布《关于提升水泥产品质量规范水泥市场秩序的意见》（以下简称《意见》）。明确要求 2021 年要打击一批违法违规建设、生产销售和使用行为，强化对水泥行业全面排查治理；2023 年年底前，水泥市场秩序得到有效治理，违法行为得到有效遏制；2025 年年底前，企业产能利用率基本回到合理区间，产业智能化、绿色化明显提升，质量水平和高性能产品供给能力显著增强。

《意见》指出，要持续优化产业结构，做到推动水泥产业发展现代化、坚决淘汰落后和化解过剩产能，强化进口水泥检验监管。要进一步规范水泥生产，做到严格行业规范公告和相关许可管理，推动常态化错峰生产、建立产品质量追溯体系和加强水泥标准砂管理。要建立安全有序的市场秩序，做到加强质量安全监管、营造公平有序的市场环境、促进散装水泥流通规范有序发展、加大执法协同力度和构建质量安全社会共治格局。要加快推动绿色智能制造和产品升级，做到持续推进水泥行业绿色发展、积极推动智能制造数字化转型行动和完善标准体系，促进高性能水泥发展。

第三节　事件影响

随着我国经济的快速发展，城镇化建设速度不断加快，基础设施建设对水泥的需求量相应持续增加。《意见》是进入"十四五"以来，针对水泥行业的第一份重磅政策，为后续政策和行业发展提供了脉络导向。《意见》直击水泥行业薄弱环节并提出针对性指导意见，对提升水泥产品质量、规范水泥市场秩序，推动高质量发展具有重要意义。

第二十八章

稀土产品价格快速上涨引发各方高度关注

第一节　背景意义

　　稀土是高科技领域功能材料的关键元素，也是不可再生资源，近年来多国出台将稀土纳入国家战略资源储备的政策。继 2011 年发布《国务院关于促进稀土行业持续健康发展的若干意见》以来，我国稀土产业政策体系不断完善，行业总体运行平稳，发展稳健。

第二节　主要内容

　　2021 年年初以来，稀土价格呈现快速上涨，至 10 月底，氧化镨钕报价 74 万元/吨，较年初上涨 82.71%；氧化镝报价 285 万元/吨，较年初上涨 44.67%；氧化铽报价 950 万元/吨，较年初上涨 29.78%，报价最高点达 1000 万元/吨以上，其他稀土产品价格同样以上涨为主。主要原因有以下几点：

　　一是国内外稀土供给受限。国外稀土大国缅甸受新冠肺炎疫情影响导致供应下滑，而国内稀土受开采冶炼指标限制，存在供给天花板。

　　二是下游消费持续增长，供需处于紧平衡。2021 年，我国黏结钕铁硼、稀土抛光材料、钐钴磁体、稀土 LED 荧光粉产量同比分别增长 27%、30%、31%和 59%，原料需求明显提速。

　　三是"双碳"目标约束，稀土战略属性愈加凸显，叠加市场规模小、产品价格发现机制不完善，供需紧平衡更容易引发市场复杂预期和被投机资金裹挟炒作。

　　为应对稀土价格快速上涨，2021 年 3 月 26 日，自然资源部通知，要加强对稀土等重要战略性矿种的监管和保护。2021 年 7 月，工信部组织召开工业和信息化系统产业政策与法规工作视频会议，指出将尽快出台《稀土管理条例》，从国家层面立法规范稀土行业高质量发展，配合《中华人民共和国出口管制法》，规范我国战略资源的进出口管理和全产业链管理，首次对违规企业处罚做出统一明确规定，以减少稀土上游供给端扰动。2021 年 9 月，工信部和自然资源部联合下发 2021 年度稀土开采、冶炼分离总量控制指标，分别是 16.8 万吨和 16.2 万吨，任何单位和个人不得无指标超指标生产。

2022 年 3 月 3 日，工信部约谈北方稀土集团、中国稀土集团、盛和资源公司等重点稀土企业，要求企业维护稀土产业链上下游关系，不得恶意炒作价格，要推动健全稀土产品定价机制，共同促进行业高质量发展。3 月 13 日，中国有色金属工业协会呼吁：稀土全行业要积极落实主管部门要求，要强化行业自律，共同维护稀土市场秩序的安全稳定。

第三节　事件影响

稀土价格过快上涨，不仅危害稀土企业自身的生产经营和稳健运行，而且增加了下游企业的成本压力，制约稀土产业高质量发展。国家有关部门为应对稀土价格上涨发布的一系列政策和措施，有利于推动引导产品价格回归理性，建立健全稀土产品定价机制和价格监测机制；有利于规范稀土企业生产经营、产品交易和贸易流通等行为，增强行业自律；有利于协调产业链上下游关系，保障稀土产业链供应链的安全。

展望篇

第二十九章

主要研究机构预测性观点综述

第一节　石化化工行业

一、中国石油和化学工业联合会

根据宏观经济运行趋势、行业生产、价格走势、结构调整变化综合分析判断，2021 年我国石油和化工行业运行总体平稳有序，主要经济指标较快增长，营业收入和利润总额创新高。2021 年我国石油和化工行业实现营业收入 14.45 万亿元，实现利润总额 1.16 万亿元，双双创历史新高，石化化工行业利润历史上首次突破万亿元。到 2021 年年底规模以上企业数量 26 947 家，比 2020 年年底增加 908 家，这是连续 5 年减少的情况下首次实现增加。2021 年，石化全行业规模以上企业实现工业增加值同比增长 5.3%，增速比 2020 年回升 3.1 个百分点。其中，油气开采业增加值同比增长 2.2%，增速由负转正，比上年回升 5.5 个百分点；化工行业增加值同比增长 7.5%，回升 3.9 个百分点。2021 年，全行业营收利润率为 8.04%，为 2010 年以来最高水平，同比上升 3.43 个百分点，比全国规模工业高出 1.23 个百分点。

2022 年是"十四五"的关键之年，蓝图铺展、部署已就。当然，今年也将是国际国内环境极其复杂的一年，疫情的冲击还在持续，世界局势动荡不安，百年未有之大变局加速演进，石化化工行业仍将面对新冠肺炎疫情的影响、经济下行压力加大，石化产业经济运行的下行压力明显、产品价格存在不确定性，供应链保障面临挑战等因素；同时，世界经济仍然是正增长，中国经济将继续是世界经济增长的"火车头"。石化产业的市场空间还很大。美国化学理事会预测，2022 年全球化工行业将增长 3.8%，欧洲化工委员会、德国化工协会等也都对 2022 年全球化工市场表示乐观。

二、罗兰贝格

《罗兰贝格"预见 2022"中国行业趋势报告》指出，从全球来看，2022年的化工产业仍保持稳中有进的发展格局。在我国，新兴的"双碳"趋势与严格的"双控"政策深刻影响化工产业，企业将持续推出包括运营提升、产品迭代等在内的一系列供给侧改革举措；同时，在此浪潮下各大化工基地也将不断在高质量发展道路上砥砺前行。2022 年，中国化工行业将呈现以下四大趋势。

（一）化工资产并购稳中有进

新冠肺炎疫情暴发以来，全球化工产业受到的冲击相对较小，经济复苏期间化工资产并购活动渐趋活跃。以终端应用为驱动、与低碳、智能等大趋势相匹配的新工艺、新配方受到并购方的持续追捧，尤其是拥有领先技术的各细分领域龙头企业，如杜邦（DuPont）并购莱尔德高性能材料（Laird Performance Materials）公司、赛拉尼斯（Celanese）并购埃克森美孚（ExxonMobil）公司的热塑性硫化橡胶（TPV）业务、Synthos 并购盛禧奥（Trinseo）公司的合成橡胶业务等。展望 2022 年，以应用技术研发突破为导向的企业将成为全球化工领域兼并收购的主流方向之一，其中也不乏可供国内企业开展跨境并购的优质标的。

（二）关键技术逐步突破，国产替代不断向好

国家针对技术"卡脖子"的应对、经济"双循环"政策、关键原材料断供事件及企业自发的竞争动力等因素持续驱动国内化工产业自主技术的发展。当前，中国化工与材料企业正加速国产替代进程，积极推动领先技术自主研发、供应链重塑、替代性产品筛选等，目前亟待实现医用材料（如中硼硅药用玻璃）、新能源材料（如铝塑膜）、高端高分子材料（如尼龙 66 上游的己二腈）等的自主生产与供应，持续提升国产替代化水平。

（三）"双碳"趋势推动化工产业供给侧改革

2022 年以来，我国掀起的"双碳"热潮对国内化工产业发展形成深远影响。例如，在监管政策方面，石化与化工作为国家明确的两个首批高

耗能行业，预计将于"十四五"期间被纳入全国碳排放权交易市场，业内企业的碳成本落地呼之欲出；在下游客户方面，整车企业、包装材料企业等对供应链低碳化、绿色化提出要求，倒逼上游化工与材料企业为保持长期竞争力而启动脱碳进程。实际上，化工企业实现低碳发展需要进行一场系统性的供给侧改革：一方面，针对现有生产运营，加强绿电供应（如巴斯夫湛江一体化基地）、生产电气化，以及节能降耗，优化工艺、最大化碳原子利用；另一方面，颠覆对传统石化基原料的依赖，发展生物基、可循环的新型低碳产品（如三聚环保二/三代生物柴油生产/研发项目）是长期更值得关注的可持续道路。

（四）化工基地持续高质量发展

我国化工基地不断进行高质量发展。上游石化基地朝着规模大型化、炼化一体化方向发展，大连长兴岛基地、唐山曹妃甸基地、中海油惠州炼化、江苏连云港基地、上海漕泾基地、浙江宁波基地、福建古雷基地、广东惠州基地虽处于不同发展阶段，但长期达产扩产、做大做强的趋势明确。此外，山东裕龙岛基地成为整合山东地炼、优化小散格局的一大标杆项目。下游化工基地发展走上新台阶，领先基地纷纷从数量驱动转变为质量驱动，部分基地积极开展国际一流对标。未来，高端化、差异化的产业布局，产供销与产学研集聚辐射，基建完备、智慧创新、绿色低碳的园区特色是化工基地高质量发展的主要方向。

（五）能耗"双控"倒逼企业修炼运营内功

我国对高能耗企业提出"双控"要求已有十余年，2021 年"碳中和"热潮强化了这一政策的落地执行，进而成为夏末秋初多地"双控"的原因之一。未来，能耗"双控"将持续对企业造成生产运营压力，这不单单是对能耗水平的控制要求，更是对企业生产工艺、技术水平、产品布局的系统性要求。未来，"双控"政策驱动企业提升运营水平的作用将逐步凸显，化工企业有待进一步修炼内功、向运营要效益，通过提升运营效率、降低生产成本、保证产品质量等一系列优化举措，做到真正应对"双控"挑战。

第二节　钢铁行业

一、冶金工业规划研究院

2021 年，我国消费和投资增长势头减弱，供应链受阻，房屋建设等领域钢铁需求出现明显的阶段性下降，导致我国钢材整体消耗量下降。冶金工业规划研究院预计，2022 年，我国继续实施积极的财政政策和稳健的货币政策，经济持续恢复发展的态势不会改变，适度超前开展基础设施投资，为钢材需求总体稳定提供有效支撑。机械、汽车、造船等行业钢材需求有望保持增长态势，建筑、能源、集装箱等行业钢材需求下降。

基于此，冶金工业规划研究院预测，2022 年我国钢材需求量为 9.47 亿吨，同比下降 0.7%；粗钢产量为 10.17 亿吨，同比下降 2.2%。2022 年我国生铁产量为 8.24 亿吨，同比下降 4.5%；需消耗铁矿石（成品矿，折品位 TFe：62%）13.02 亿吨，同比下降 4.5%，其中，铁矿石进口量 10.8 亿吨，同比下降 4.4%。

二、世界钢铁协会

世界钢铁协会最新版短期（2022—2023 年）钢铁需求预测报告显示，全球钢铁需求继 2021 年增长 2.7% 之后，将在 2022 年继续增长 0.4%，达到 18.402 亿吨。2023 年，全球钢铁需求还将继续增长 2.2%，达到 18.814 亿吨。在俄乌冲突的背景下，当前预测结果存在高度不确定性。

（一）钢铁需求预测被通货膨胀和不确定性笼罩

世界钢铁协会市场研究委员会主席 Máximo Vedoya 在对本次预测结果发表评论时表示："当我们发布这份短期钢铁需求预测的时候，乌克兰正处在俄罗斯发起军事行动以来的人间和经济灾难中。我们所有人都希望这场战争早日结束，和平早日到来。2021 年，在疫情大流行的冲击之下，尽管供应链危机和多轮新冠肺炎疫情不断发生，但在许多地区，复苏势头要强于预期。不过，由于中国经济的意外减速，2021 年全球钢铁需求增幅因此下降。2022 年和 2023 年的钢铁需求存在高度不确定性。我们原本对于持续、稳定复苏的期望，由于乌克兰战争的爆发和通货膨胀的高企而动摇。"

由于地区的差异，这场冲突的影响程度也将有所不同，具体取决于各地区对俄罗斯和乌克兰的直接贸易和金融风险敞口。冲突给乌克兰带来的是直接的毁灭性影响，俄罗斯相应承担后果，欧盟由于其对俄罗斯能源的依赖和与冲突区域在地理上的接近，也受到重大影响。不仅如此，这种影响还因为能源价格和商品价格的升高而波及全球，尤其是钢铁生产所需的原料，以及供应链的持续中断，后者甚至在战争开始之前就已经困扰全球钢铁行业。另外，金融市场波动和高度不确定性将影响投资者的信心。

乌克兰战争的影响向全球外溢，再加上中国经济增速的放缓，2022 年全球钢铁需求增长预期将降低。另外，全球部分地区新冠肺炎疫情的持续爆发及利息的不断上扬，也带来了经济下行风险。美国货币政策的预期收紧，将加剧新兴经济体面临的金融脆弱性风险。2023 年全球钢铁需求预测具有高度不确定性。世界钢铁协会预测的前提是俄乌双方在乌克兰的对峙将在 2022 年内走向终结，但对俄罗斯的制裁在很大程度上仍将维持不变。此外，围绕乌克兰的地缘政治格局将对全球钢铁行业产生极其深远的影响。

（二）钢铁消费行业

2021 年，尽管中国的建筑业活动出现收缩，但在全球范围内，建筑业活动继续从疫情封锁中复苏增长 3.4%。在许多国家，复苏的动力来自作为复苏计划组成部分的基础设施投资，未来数年，基础设施投资及能源转型投资有可能持续推动建筑业的增长。不过，建筑业也面临成本和利率高企所带来的部分阻力。

在汽车行业，2021 年下半年，供应链瓶颈阻止了复苏势头。乌克兰战争有可能延缓供应链恢复常态，欧洲地区问题尤为突出。尽管全球汽车产量出现暴跌，但电动汽车部门却在疫情大流行期间出现快速增长。2021 年，全球电动汽车销量达到 660 万辆，几乎是 2020 年的两倍。电动汽车在汽车销售总量中的占比从 2019 年的 2.49%升至 2021 年的 8.57%。

（三）各大经济体

中国。2021 年，由于中国政府对房地产开发企业采取严厉调控措施，中国的钢铁需求显著放缓。2022 年，由于政府努力推动基础设施投资和稳定房地产市场，钢铁需求将保持稳定。2022 年推出的刺激措施有可能支撑 2023 年钢铁需求出现小幅度增长。如果外部环境的不断恶化导致中国经济面临更多挑战，那么中国政府将推出更加坚实的刺激措施，并且因此带来经济的上行潜力。

发达经济体。尽管出现零星几轮疫情和制造业的供应链限制，但在2021年钢铁需求仍然强势复苏，特别是在欧盟和美国。不过，由于通胀压力，以及围绕乌克兰发生的事件，2022年的钢铁需求前景走弱。乌克兰战争的影响在欧盟地区尤为显著，原因在于欧盟地区对俄罗斯能源的高度依赖，以及难民的涌入。在发达经济体，继2021年钢铁需求恢复16.5%之后，预计2022年和2023年钢铁需求将分别增长1.1%和2.4%。

发展中经济体（中国除外）。在发展中经济体，随着疫情大流行影响的持续和通货膨胀的爆发，以及因此造成的许多新兴经济体进入紧缩银根周期，发展中经济体的复苏过程面临更多挑战。发展中经济体（中国除外）的钢铁需求继2020年下降7.7%之后，2021年增长10.7%，这一数字略高于世界钢铁协会之前的预测。2022年和2023年，新兴经济体将继续面临外部环境不断恶化、俄乌战争、美国紧缩银根等带来的挑战，这些挑战将导致新兴经济体在2022年和2023年出现低速增长，分别为0.5%和4.5%。

第三节 有色金属行业

一、广发证券

2021年受益于经济复苏，大多数有色金属价格上涨，产销增长，有色金属行业景气度较高，前十个月有色金属矿和有色金属冶炼及压延利润分别大幅度增长52%和163%。由于业绩显著提升，有色金属二级市场表现也较为突出，在申万行业涨幅排名第二，多数子行业上涨，其中稀土、锂上涨幅度较大，代表性品种铝和铜子板块分别上涨48%和24%。

预计2022年，随着经济运行逐步回归常态化，2022年需求和流动性将对有色金属行业推动边际减弱，但总体较低的库存、疫情及我国碳中和政策可能对供给造成一定影响，有色金属产品价格波动增大，工业金属价格重心可能有所下移。同时碳中和作为国家战略，将深刻影响有色金属行业，受碳中和影响较大的电解铝、能源金属和新材料将成为黄金赛道，是重要投资主线。

碳中和下电解铝供给强约束，再生铝迎发展机遇：电解铝耗电量大，是有色金属行业碳排放的主要来源，也是碳中和重点关注的金属品种。2021年电解铝能效政策密集出台，且产能接近天花板，预计2022年电解铝供给强约束，在原材料价格趋稳后，盈利有望回升到较理想水平。在电解铝产量受控下，再生铝将成为未来供给来源之一，预计 2030 年我国再生铝份额将由目前的 18%提高到 30%，再生铝未来增长潜力大。

碳中和下能源金属及锂电铜箔需求高增，供需格局良好：能源金属及锂电新材料受益新能源汽车的快速增长，市场空间广阔，投资机会值得持续关注。能源金属锂：预计 2022 年需求延续较快增长，全球锂矿尽管亦增长，但预计供给仍存缺口，锂行业较高景气有望维持。能源金属钴：预计尽管受磷酸铁锂占比提升和高镍化影响，但新能源汽车快速发展推动需求保持增长，2022 年钴将从供给过剩转变为供需基本平衡，供需格局继续改善，同时应关注新型冠状变异病毒对钴供给的可能冲击。锂电铜箔：受新能源汽车和储能驱动，需求高增，行业向轻薄化方向发展，并具有较高的进入门槛，预计 2022 年新增产能释放较少，供给延续偏紧格局。

二、中国有色金属工业协会

据中国有色金属工业协会数据显示：2021 年我国有色金属生产保持平稳增长，十种常用有色金属产量为 6454.3 万吨，比上年增长 5.4%，两年平均增长 5.1%。主要有色金属价格在高位回调。2021 年国内现货市场铜年均价格为 68 490 元/吨，创历史新高，比 2020 年上涨 40.5%；国内现货市场铝年均价格达到 18 946 元/吨，创 14 年的新高，比 2020 年上涨 33.5%。2021 年 5 月铜价为年内高点，6 月在高位回调，下半年总体呈震荡回落的态势；9 月、10 月铝价为年内高点，11 月、12 月在高位回调。出口方面，主要有色金属产品出口好于预期。2021 年有色金属进出口贸易总额（含黄金贸易额）2616.2 亿美元，比 2020 年增长 67.8%。其中，进口额 2151.8 亿美元，增长 71.0%；出口额 464.5 亿美元，增长 54.6%。

中国有色金属工业协会初步判断，2022 年有色金属行业增速总体将呈"前低后稳"的态势。2022 年第一季度有色金属行业运行面临较大下行压力，有色金属企业预期指数下滑到临界点以下。从铜、铝价格预测看，2022 年铜、铝价格上涨及下行因素共存，将在多方因素主导下回调。总体来看，2022 年，世界金融流动性收紧，铜供应有所增加、消费亮点不多，铜价将面临一些下行因素。2022 年铝价格也将呈高位回调的态势，煤电价格高企导致电解铝成本高位运行，从中长期看铝价仍有望好于其他金属。对 2022 年有色金属工业主要指标判断如下：

一是有色金属生产总体保持平稳，全年增幅有望保持在 3% 左右。

二是预计主要有色金属价格总体将呈高位震荡的格局，年中后期主要有色金属价格出现震荡回调的可能性将成为大概率事件。

三是有色金属企业实现利润维持 2021 年的盈利水平压力加大。

四是有色金属行业固定资产投资额大体与 2021 年持平，出现大幅度下降的可能性不大。

五是有色金属产品出口量仍有望保持增长，但增幅可能会放缓，铜、铝等矿山原料进口有望保持稳定或略有增加。

第四节   建材行业

一、中金公司

消费建材：短期的弱不掩成长的强，继续看好。中金公司（简称中金）走访的消费建材龙头大多反馈节后复工偏慢，但均对全年的基建需求较乐观。中金认为，B 端消费建材龙头原燃料、坏账压力均已密集释放，稳增长加码，地产边际宽松的预期也正在强化，今年龙头有望实现稳健的业绩增长，估值也有望得到进一步有力催化。

水泥：复工偏慢，全年仍有望企稳。受多雨雪天气及新冠肺炎疫情复发等影响，调研企业大多反馈复工进度慢于预期。中金认为，政策、资金等传导可能存在时滞，全面复工后的 2021 年 3 月可能是初步验证的窗口期，而下半年有望在基本面和项目落地共同加持下走出高景气行情。中金认为，若行业竞争有序、煤价趋稳，全年龙头盈利仍有望维持高位。

玻璃：库存和需求继续赛跑。中金认为，需求恢复程度较关键：如终端需求快速恢复，则玻璃价格或高位企稳，支撑龙头 2022 年盈利；若真实需求恢复不及预期，则需关注隐性库存累库带来的价格风险。全年来看，中金认为玻璃供给侧支撑仍在，继续看好反弹行情。

玻纤：粗纱景气度强于预期，电子布仍在探底过程中。春节前后粗纱价格略上涨，中低端纱需求也较为饱满，价格维持高位，受访企业判断 2022 年新增产能压力不大，价格和利润有望继续维持高位。电子布则受到节后开工预期不足、供给偏多的影响，价格持续探底。从中长期来看，中金认为玻纤有望牛长熊短+产品升级大趋势不改，头部企业有望进一步提升市占率。

二、中信建投证券

水泥：2022 年年初基建项目开工情况同比显著改善，有望对水泥需求复苏及一季度波段行情形成支撑，但水泥需求量已进入平台期，总体增长空间有限，且行业竞争格局逐渐稳定，全年投资机会有限。当前水泥价格仍处在 5 年同期高位，随着煤炭价格逐渐回归常态，预计行业盈利能力也将同步改善。

防水：短期基建投资刺激需求，长期行业集中趋势明显。防水是消费建材行业优质赛道，短期将受益于显著提升的基建投资增速；防水新规预期落地有望提高产品品质与单价，使得市场空间扩容。行业集中度尚存提高空间，两大因素利好 2022 年推动防水行业集中度继续提升：

（1）2021 年消费建材普遍承压，中小企业经营能力下降，行业自动出清。

（2）防水质量和品牌日益受重视，龙头厂商更具渠道优势。

减水剂：2022 年经济稳增长，重大项目开工奠定混凝土产业链的需求基础。2022 年年初各地开工项目有序进行，基建投资有望显著提升，混凝土产业链上的水泥、减水剂等产品都将受益于传统基建的开工建设。基建客户大多为建筑行业央企，战略集采取代招标趋势明显，叠加减水剂产品迭代升级、环评标准趋严等因素，行业格局趋于集中化，利好行业龙头。

光伏玻璃是光伏产业链中必不可少的材料之一。未来两三年，随着新增光伏装机持续较快增长，以及双玻组件（用于太阳能电池）渗透率的提升，光伏玻璃的需求量有望快速增长。根据广发证券电新研究团队预测，2020—2022 年的全球光伏新增装机量分别为 120GW、160GW 和 184GW，同比增长 4%、33%和 15%；预计 2020—2022 年双玻组件渗透率将达到 30%、40%和 50%。基于上述数据，预计 2020—2022 年光伏玻璃销量同比增长 12%、43%和 23%，呈快速增长的态势。结合供需关系综合考虑，2023 年光伏玻璃的高景气势头有望延续。

第五节 稀土行业

一、东北证券

从主题投资到产业变革，应重视稀土板块估值体系重构的历史性机遇。

（1）从长期看，产业变革下稀土板块估值体系或迎重构。当前稀土可类比 2015—2016 年的锂和 2018 年的钴，新能源上游材料属性正逐步强化，未来有望复制历史上锂钴需求高增的逻辑，同时，"政策严控+行业高集中"的特性使得稀土的供给端甚至比锂钴更优异，未来穿越周期的能力或更强，稀土板块的估值体系正迎重构。

（2）从中期看，未来三年供不应求，行业景气度有望持续提升。下游电动车赛道长坡厚雪，同时风电、空调等领域多点开花，将充分打开稀土需求空间，而国内外供给弹性均较弱，预计未来三年稀土镨钕供需紧张态势延续，行业景气度有望不断提升。

二、东莞证券

稀土永磁下游需求增速最快的是新能源汽车、工业电机领域，在下游需求持续旺盛的情况下，国家有望加大鼓励政策，助推行业高质量发展。预计 2022 年《稀土管理条例》将正式落地实施，届时稀土企业将更加有序开发利用稀土资源，促使稀土原料产品价格在合理区间内波动，稀土精矿价格回归理性将使得磁材企业更好地控制生产成本，对磁材企业形成利好。

第三十章

2022年中国原材料工业发展形势展望

第一节 原材料工业总体形势展望

预计2022年，全球经济持续复苏，国内经济稳定发展，我国原材料工业会保持平稳发展态势，生产、投资总体保持增长，出口贸易持续扩大，进口贸易存在缩减风险，主要原材料产品价格高位运行，行业经济效益持续改善。

一、生产增速趋缓，主要产品产量有望增长，钢铁产量进一步压缩

预计2022年，我国原材料工业增加值增速会趋缓，主要产品产量有望保持增长，钢铁产量有进一步压缩的可能性。

一是全球经济持续复苏，复苏势头趋缓。国际货币基金组织（IMF）预计，2022年全球经济增长为4.4%，低于2021年5.9%的水平。各经济体受疫苗获取能力和政策支持力度差异等因素影响，增速出现分化[①]。发达经济体经济总体保持增长，预计增速有望在3.9%左右。其中，美国在供应链不稳定、基建投资增大、劳动力短缺、通胀加剧等多重因素影响下，经济增速有望达到4%；欧元区受益于疫苗接种力度加大、一系列经济刺激措施等，经济增速有望达到3.9%；日本经济在疫苗普及等刺激下，有望保持3.3%的增长。新兴市场和发展中经济体受新冠肺炎疫情形势恶化影响，经济增速将会放

---

① 2022年1月IMF《世界经济展望》。

缓，保持在4.8%左右。

二是我国经济总体平稳，但下行压力依然较大。2021年，我国工业经济总体保持恢复态势，产能利用率处于近年来较高水平，但我国经济发展中不平衡、不充分问题仍然突出，制约经济稳定增长的不利因素依然较多，IMF预计，2022年我国经济增速为4.8%，低于2021年8.1%的增长水平。在此背景下，我国原材料工业会继续维持稳步发展态势。

三是主要下游行业对传统原材料产品需求进一步减弱。2021年，我国房地产开发投资同比增长4.4%，较年初下降33.9个百分点，其中，房屋新开工面积同比下降11.4%，预计2022年，我国房地产调控政策不会放松，在"房住不炒"政策约束下，房地产行业会进一步降温，投资规模不断萎缩，房地产市场对原材料产品需求强度会减弱。2021年，我国汽车产销量分别同比增长3.4%和3.8%，结束了2018年以来连续三年的下降局面。预计2022年芯片供应紧张情况短期内得不到缓解，我国汽车产销量难以有大幅度增长，对原材料产品需求增加幅度有限。

二、投资保持稳定增长，投资增速进一步趋缓

预计2022年，我国原材料工业投资会稳定增长，增速进一步趋缓。

一是各地5G基站、新能源充电桩、人工智能等新基建项目陆续启动建设，将增加对钢铁、化工、有色金属等大宗原材料产品需求。2021年，北京、天津、内蒙古、上海、江苏等多地密集安排新基建项目建设，提出"十四五"新基建目标，例如，北京"十四五"规划明确提出，加快基于IPv6的下一代互联网规模部署，新建5G基站6万个；优化完善环京特高压环网及下送通道，推进相应的通道建设。

二是"双碳"目标的提出倒逼化工、钢铁、有色金属、建材等高能耗高排放行业加快转型升级，加大绿色低碳技术的改造力度，原材料工业节能环保投资将有所增加。

三是钢铁、有色金属、建材等行业继续开展巩固"去产能"成果工作，在产能总量控制原则约束下，钢铁等产能有进一步压减的可能性，原材料企业大幅度增加投资的意愿不强。

四是能耗"双控"、限电限产等一系列政策的实施在一定程度上抑制了原材料企业的投资意愿。

三、出口保持增长，进口规模有所萎缩

预计 2022 年，我国原材料产品进出口贸易将继续呈现分化态势。出口方面，全球经济持续复苏，主要发达经济体恢复性增长，新兴经济体增速放缓，主要经济体生产链重启需要一定时间，我国工业生产平稳增长，国外市场对我国原材料产品的出口需求将增加。与此同时，"一带一路"倡议、RCEP 的生效实施等，将带动我国与沿线国家、成员国之间的贸易，我国原材料产品出口市场空间将进一步拓展。进口方面，我国经济稳定增长，制造业发展对传统原材料产品需求逐步接近峰值，叠加大宗商品价格高位运行、海外供应能力受到冲击等多重因素，我国原材料产品进口规模会逐步萎缩。

四、产品价格高位震荡

预计 2022 年，我国原材料产品价格维持高位震荡态势，不同品种表现不同。钢材价格在粗钢产量持续压减、下游需求行业用钢强度减弱、原燃料价格高位支撑等多因素的综合影响下，呈现高位运行、小幅度波动态势。化工产品价格在能源价格产品下跌、国内需求增速回落、海外产能利用率复苏、供给端产能缓慢扩张等共同作用下将逐步回落。有色金属产品价格受全球量化宽松政策、国际主要产矿国供应趋紧、大宗产品价格上涨等影响，继续保持高位震荡，存在一定下行风险。建材产品价格在房地产等传统基建需求减弱、煤炭等原燃料价格高位回调等因素的影响下，将呈现相对平稳的走势。

五、行业经济效益持续改善

预计 2022 年，我国原材料工业经济效益会持续改善。受实现"双碳"目标等相关政策的影响，主要原材料产品供给趋紧，下游行业对传统原材料产品的需求强度减弱，原材料产品市场供需有望形成新的平衡，原材料产品价格仍将高位运行，原材料企业经营收入会增加，企业盈利能力会增强。

第二节　分行业发展形势展望

一、石化化工行业

2022 年，全球经济仍将面临疫情、通胀持续高位等不确定性因素，但随着生产、贸易的恢复，供应链危机将逐步改善。2022 年，全球石化化工行业

谨慎向好，但面临能源和原材料成本增长、通胀及供应链中断等较大形势压力。

从全球来看，据美国化学委员会（ACC）预测，2022 年全球石化化工行业产量将增长 3.8%，所有细分行业产量增速都将低于 2021 年，农用化学品、消费化学品、基础化学品、无机化学品、大宗石化产品和有机化学品、塑料树脂、合成橡胶、特种化学品产量增速将分别放缓至 2.3%、3%、4%、3.9%、3.8%、4.3%、6.3%、4%。欧洲化学工业委员会（CEFIC）预测，2022 年欧盟石化化工行业产量增速将下降到 2.5%。德国化学工业协会（VCI）预测，2022 年德国化学品产量将增长 1.5%，产品价格将增长 3.5%。

从我国来看，2022 年，石化化工行业主要指标增速将有所放缓，呈"前低后高"走势，经济运行总体以稳为主。随着全球经济实现正增长，我国经济仍将继续成为全球经济增长的"排头兵"，行业市场空间仍巨大，面临新发展机遇。2022 年，行业将突出高质量发展主题，从传统产业升级改造、关键核心技术攻关、绿色低碳发展、现代石化产业集群培育、战略新兴产业培育、保供稳价等方面做好"稳增长"工作。

二、钢铁行业

2021 年，全球经济持续恢复，为钢铁行业提供了相对良好的发展环境。我国钢铁行业根据市场变化灵活安排生产，在原材料价格高企、国内外疫情多发、能耗"双控"趋严等情况下实现了全年粗钢产量同比下降、供需动态平衡、行业效益创历史最高的成就，有力地支撑了我国经济平稳健康发展。2022 年，受变异新型冠状病毒奥密克戎毒株广泛传播、俄乌战争、通货膨胀高企等影响，全球经济复苏不确定性增大，我国经济发展强调"稳字当头，稳中求进"，钢铁行业发展面临多地疫情反复、环保政策趋严、外部环境不确定性增加等挑战。

从供给端看，2022 年我国钢铁供给将继续下滑。"双碳"背景下，环保、能耗"双控"等政策趋严，钢铁供给承压。国家发改委表示，2022 年国家发展改革委员会、工业和信息化部、生态环境部、国家统计局将继续开展全国粗钢产量压减工作，促进钢铁行业高质量发展。

从需求端看，2022 年我国钢铁需求将保持稳定。其中，房地产受"房住不炒"等政策影响，下行压力大，2021 年我国房地产土地购置面积同比下降 15.5%，房地产新开工施工面积同比下降 11.4%，预计 2022 年地产用钢需求回落；在基础设施建设领域，2021年中央经济工作会议提出基础设施建设适度超前，2021年12月，财政部提前下达地方2022年新增专项债券额度1.46万亿元，基建将拉动建筑用钢需求。在制造业领域，受国家大力纾困帮扶中小企业发展，保障制造业产业链供应链安全稳定，推动工业高质量发展等相关政策支持影响，制造业用钢需求整体平稳向好。

从进出口角度看，我国钢材出口将有所下降。世界钢铁协会预测，2022年全球钢铁需求将同比增长0.4%，随着全球钢铁生产恢复，海外钢铁供需形式逐步平衡，钢铁出口承压。此外，《国务院关税税则委员会关于2022年关税调整方案的通知》中部分钢铁产品出口关税提升，预计我国钢铁出口将同比下降。

三、有色金属行业

从整体看，2022年，受国内疫情多点频发、整体需求偏弱、大宗商品价格上涨、地缘政治冲突持续扩大等多因素综合影响，有色金属供需整体平衡，主要有色金属生产总体平稳，价格高位震荡，行业运行将呈"前低后稳"态势。从供应看，受"双碳""双控"政策影响，有色金属产能释放将受到抑制，主要品种铜、铝、铅、锌都将受到一定冲击；受季节性因素影响，部分有色金属大省用电依然会受到限制；受原辅材料大幅度上涨的影响，企业成本不断增加，部分品种价格可能会低于成本，企业将减产保价。从需求看，2022年房地产增速放缓，带动有色金属材料需求增速放缓；汽车等交通业消费不及预期。

四、建材行业

2022年，疫情形势和外部环境仍然复杂严峻，受需求收缩、供给冲击、预期转弱三重压力的共同作用，下行压力加大，"稳增长"将是全年的主旋律，相关政策也将持续发力为"稳增长"保驾护航，建材行业作为关系国计民生的重要基础性产业，"稳增长"的压力更大，随着房地产投资在下行过程中逐渐企稳，固定资产投资仍有发展空间，预计2022年建材行业虽然整体面临较大的下行压力，但大概率能够保持运行稳定。

从生产角度看，2022年随着部分地区疫情形势的复杂化，"双碳""双限"政策持续可能对建材行业生产造成一定影响，但影响可能主要集中在上半年，下半年随着各地疫情状况好转，需求恢复，各项工程加快建设，但"双碳""双限"等因素预计将造成水泥、平板玻璃、建筑卫生陶瓷等主要建材产品生产成本上升，在一定程度上可能给生产带来影响。综合看来，预计水泥、平板玻璃等主要产品产量与2021年变化不大。

从消费角度看，水泥、平板玻璃、建筑卫生陶瓷等传统建材产品的主要市场需求集中在房地产、基建等领域，第一季度中央多部委密集表态稳房产，财政部明确2022年内不具备扩大房地产税改革试点城市的条件，此外，从多地发布的2022年重大项目投资清单看，国内基建投资增速也有望重回两位数，随着下游需求的不断释放，预计2022年建材产品需求量较2021年将有所提升。

从价格角度看，上半年各地疫情形势复杂，下游房地产、基建项目等领域进展缓慢，预计2022年主要建材产品价格呈现"先抑后扬"态势，除个别区域可能存在下行风险外，预计大部分地区的主要建材产品价格仍将保持高位，效益保持稳定。平板玻璃、建筑卫生陶瓷等与水泥相比，需求在后端，市场价格变化相对滞后，全年预计较为稳定。

从出口角度看，我国已经成为东南亚等地区主要的水泥出口国，随着疫情形势复杂化，预计2022年我国水泥进口量继续下降。我国的石材、建筑陶瓷、玻璃纤维等建材产品受全球新冠肺炎疫情影响，出口的整体风险和不确定性将继续增加。

总体看来，预计2022年建材行业整体以"稳增长"为发展主基调，发展运行整体平稳。但随着碳达峰、碳中和工作的加快推进，水泥、平板玻璃、建筑卫生陶瓷等被列入建材行业高耗能重点领域行业，对照建材重点领域标杆水平和基准水平划定标准，以及《冶金、建材重点行业严格能效约束推动节能降碳行动方案（2021—2025年）》，或将推动低效产能加快退出，产业结构将进一步优化，低效产能相对集中的地区，产能总量或将减少，"双碳"及环保政策的实施将推动建材行业整体转向绿色、低碳发展方式。

五、稀土行业

2021年新冠肺炎疫情对全球经济的影响总体趋缓，各国都开始经济恢复的步伐，需求和消费稳步增长，供应链终端的情况有所好转。但是，由于疫情防控策略和能力的不同，各国经济恢复的速度和恢复的机制各不相同。2021年，中国经济结构相对合理，工业产业链完整的优势得以凸显，在疫情防控能力强大的保护下，绝大部分产业出现了快速增长，甚至出现了局部过热的局面。2021年国内出口势头良好,部分行业出现海运不足的现象。2021年中,在全球范围内出现了一次大规模的能源和原材料涨价潮,给产业链各个环节带来不同程度的影响。对于稀土产业而言,得益于国内新能源汽车产业的大爆发,以及全球范围内风电、节能环保等领域需求的持续增长,总体维持了高速增长态势。

2022年面临着非常巨大的挑战,国际经济政治局势在累积了大量疫情带来的因素的影响下,变数逐渐增大。经济层面,美国和欧洲高企的通货膨胀率对消费市场的影响很大,而加息要面对资本市场的大幅度波动,这使得包括美联储在内的各国央行的决策踌躇不决。

稀土行业上下游也是唇齿相关,所以稀土产品的价格没有无休止上涨的理论基础。因此,2021年稀土行业面临的最大风险是持续了数月的价格涨势何时调整,调整幅度多大。稀土上下游协调发展的问题将再一次成为整个行业的关注焦点,与之相关的还包括中国稀土供应安全、如何利用国外稀土资源等议题。很明显,疫情的冲击带有极大的偶然性,一方面,疫情推动了对稀土功能材料需求依赖性较大的节能、环保终端产品的需求,加速了消费结构转型。另一方面,疫情影响了全球稀土资源供应的常态,将资源供应安全问题摆在了各国面前。

2022年,稀土终端应用的需求仍然会保持良好势头,如新能源汽车产业虽然普遍出现了价格上调,但是销量依然维持较高增速,风电等领域的势头也没有削弱迹象。由此我们推测,2022年上半年稀土产品价格依然将保持高位运行。下半年的变化因素较多,全球经济复苏的程度、各国应对累积经济问题的效能、国际政治争端的处理,都将成为影响全球经济复苏的不确定性因素,下半年需求能否持续增长还难以判断。因此,我们依然建议稀土上游企业可以适当扩展二次资源利用方面的研究和投资,但审慎地扩展一次资源的产能,防止市场波动带来的投资风险。

我国特种玻璃发展现状及趋势①

一、特种玻璃的定义

特种玻璃是相对普通玻璃来讲，通常是指采用新原料、新技术、新工艺、新设备等，通过光、电、磁、热及化学等特殊条件作用而形成的具有特种用途或功能的玻璃产品。目前特种玻璃已经被广泛应用于电子信息、航空航天、新能源等领域，在加快提升改造传统产业、服务新兴产业方面发挥了重要作用。

特种玻璃由于拥有普通玻璃无法比拟的优越性能，与新兴产业以及国防需求等联系紧密，已经成为世界各国研发和应用的重点，我国也高度重视特种玻璃的发展，《建材工业发展规划（2016—2020 年）》中将特种玻璃（玻璃基材料）列为建材新兴产业，并明确提出重点发展世代 TFT-LED 平板显示器玻璃基板、高强高铝硅触摸屏盖板玻璃、高纯石英玻璃及制品、激光玻璃、防辐射玻璃、高性能多功能镀膜玻璃、微晶玻璃等产品。《建材工业鼓励推广应用的技术和产品目录（2018—2019 年本）》中也将 1.1 毫米超薄超白玻璃生产技术、高铝盖板玻璃等列入其中。

此外，特种玻璃的发展还可以通过技术革新的手段提升普通玻璃的附加值及应用场景，对推动进一步化解平板玻璃行业产能过剩、推动建材行业转型升级也具有十分重要的作用。国务院《关于化解产能严重过剩矛盾的指导意见》中将平板玻璃行业列为产能严重过剩的重点行业之一，为抑制平板玻

---

① 撰写日期 2021 年 4 月。

璃行业产能过剩，国家又先后印发了《关于印发淘汰落后产能工作考核实施方案的通知》《工业和信息化部关于做好部分产能严重过剩行业产能置换工作的通知》《水泥玻璃行业产能置换实施办法》《关于严肃产能置换严禁水泥平板玻璃行业新增产能的通知》等文件，进一步压减过剩产能，至 2019 年我国平板玻璃产能利用率已经超过 70%，但仍低于国际通常水平。

特种玻璃种类繁多，根据应用领域不同、加工工艺不同、原料成分不同等，包括超薄玻璃、石英玻璃、发电玻璃、低辐射（LOW-E）玻璃、透红外玻璃、耐辐照玻璃等。

二、几种典型特种玻璃发展现状及趋势

（一）超薄玻璃

1. 定义及分类

超薄玻璃是指采用浮法、溢流下拉法、垂直引上法等工艺生产的厚度介于 0.1～1.1 毫米[①]的玻璃产品。根据化学成分的不同，超薄玻璃可以分为含碱玻璃及无碱玻璃两大类，含碱玻璃即指玻璃化学成分中含有碱金属氧化物，即钠钙硅玻璃或铝硅酸盐玻璃，这种超薄玻璃与普通浮法玻璃的化学组成、物理和化学性能均相差不大，但对内在缺陷、尺寸精度、平整度等精度的要求较高，主要用于 TN-LCD、STN-LCD。无碱玻璃则是指玻璃化学组分中碱金属含量小于 1%，通常指硬质硼酸盐玻璃，具有透光率高、光电性能好等特点，其价格也相比普通超薄玻璃较贵，主要用于 TFT-LCD。目前超薄玻璃的应用主要集中在平板显示器用基板玻璃、仪器及汽车仪表玻璃、照相机盖板玻璃、各类编码器用玻璃、显微镜、医用玻璃等领域，其中平板显示器用基板玻璃是其最主要的应用领域。

2. 发展现状

从全球范围看，美国康宁、日本旭硝子、电气硝子和旭硝子、英国的皮尔金顿等公司几乎掌握了全球大部分的市场，尤其在 TFT-LCD 领域，因为必须采用无碱玻璃，更是具有明显的规模效应，多年来美国康宁、日本旭硝子和板硝子一直占据了全球 90%以上的市场份额。从生产工艺看，TFT-LCD

---

① GB/T 37788—2019《超薄玻璃弹性模量实验方法》中将超薄玻璃的厚度定义为 0.1～1.1 毫米。

玻璃基板的生产方法主要有三种，分别是日本旭硝子采用的浮法，美国康宁和日本板硝子采用的溢流下拉法和电气硝子原来采用的狭缝下引法（又称流孔下引法，现电气硝子也改进为溢流下拉工艺）。溢流下拉法是当今最先进的工艺，该法生产的玻璃可直接使用，另外两种均需抛光和研磨后才能使用。

我国生产超薄玻璃的企业主要有洛玻集团、信义集团、东旭光电、彩虹集团、成都中光电、京东方等 10 余家。2019 年我国超薄玻璃产能约 2.1 亿平方米，实现同比增长 18.3%[①]，进口约 2 亿平方米。但与国外企业相比，国内企业规模普遍较小，技术与资本也跟国外存在一定差距，尤其是高世代平板显示玻璃基板的研发和生产商差距较大。2019 年 6 月，中建材凯盛科技蚌埠中光电建成我国首个 8.5 代 TFT-LCD 玻璃基板生产线，标志着我国成为继美国、日本之后，全球第三个掌握高世代 TFT-LCD 玻璃基板生产技术的国家。

我国超薄玻璃产能情况如表 A-1 所示。

表 A-1 我国超薄玻璃产能情况

项 目	2016 年	2017 年	2018 年	2019 年
超薄玻璃产能/万平方米	13 780	17 086	18 121	21 430
钠钙硅超薄玻璃/万平方米	7183	7558	7558	8770
无碱玻璃基板/万平方米	4797	7428	8155	9348
高铝盖板玻璃/万平方米	1800	2100	2408	3312

（资料来源：赛迪材料所整理）

3. 发展趋势

我国超薄玻璃市场空间和发展潜力巨大，尤其是高世代线玻璃基板对于发展大尺寸面板显示行业具有重要意义，它是平板显示产业的关键材料，在整个面板显示产品成本中占据了 20% 左右。据预测[②]，我国每年 TFT-LCD 玻璃基板对 8.5 代及以上的需求量超过 3 亿平方米，约占全球需求量的一半左右，但我国每年自己的供应量不足 4000 万平方米。

我国也一直高度重视高世代电子玻璃基板的自主研发，2016 年国家重点研发计划获批的重点专项"高世代电子玻璃基板和盖板核心技术开发及产业

---

① 《我国超薄玻璃发展历程浅析》，刘志海。
② 中国光学光电子行业协会。

化示范"项目对高世代线玻璃基板的发展目标指出，未来要开发具有自主知识产权的高世代电子玻璃基板和盖板关键工艺技术，实现我国高世代（G8.5）电子玻璃基板"零"的突破，推动我国浮法技术的跨越式提升，完善我国光电显示产业链，保障国家光电显示产业安全，对高端制造业转型起到示范和引领作用。

（二）石英玻璃

1. 定义及应用领域

石英玻璃是指由二氧化硅单一组分构成的特种玻璃，具有硬度大、耐高温、膨胀系数低、透光性能好、化学稳定性好等特性，被誉为"玻璃王"。石英玻璃凭借其优越的性能已经广泛应用于半导体集成电路、光电器件、精密仪器等高科技领域，是国家战略性产业和支柱性产业中不可替代的高纯基础材料，尤其是用于精密仪器的透镜、反射镜、棱镜和窗口等，直接制约了相关仪器设备的高分辨、高精度、高稳定和高可靠性。

石英玻璃的特性如表 A-2 所示。

表 A-2　石英玻璃的特性

耐高温	石英玻璃的软化点温度约为 1730℃，可在 1100℃下长时间使用，短时间最高使用温度可达 1450℃
耐腐蚀	除氢氟酸和热磷酸外，石英玻璃几乎不与其他酸类物质发生化学反应，耐酸腐蚀性能优于耐酸陶瓷 30 倍，尤其是高温下的化学稳定性，是其他工程材料都无法比拟的
热稳定性好	石英玻璃的膨胀系数极小，能够承受剧烈的温度变化
透光性能好	石英玻璃在紫外到红外的整个光谱波段都具有较好的透光性能，可见光透光率达到 92% 以上，紫外光谱区最大透光率达 80% 以上
电绝缘性能好	石英玻璃的电阻值相当于普通玻璃的一万倍，是极好的电绝缘材料，高温下也具有良好的电性能

（资料来源：赛迪材料所整理）

此外，石英玻璃作为一种基础性材料，还可以加工成石英锭、石英坩埚、石英棒、石英纤维等产品，广泛应用于半导体、光通信、高端光学、光伏太阳能、化工生产、航空航天等多个领域。尤其是在半导体领域中，其应用范围贯穿于半导体产业链的各个环节，产品应用相对广泛，因此也保持着较高的增长速度。石英玻璃因其应用领域敏感，国外对我国长期实行技术封锁和高端产品禁运。

石英玻璃的应用领域及主要品种如表 A-3 所示。

表 A-3　石英玻璃的应用领域及主要品种

应 用 领 域	主 要 品 种
电光源	石英管
光通信	光纤外皮管、把手棒、管等辅助石英玻璃
光伏	石英坩埚（用于生产单晶硅棒），前端工艺制程石英器件，石英基础材料（含坩埚）
半导体	光掩膜基板（用于集成电路图像转移），前端工艺制程石英器件
光学	红外光学、紫外光学

（资料来源：赛迪材料所整理）

2. 发展现状

基于石英玻璃在半导体、光通信以及军工等领域的重要应用，发达国家均将石英玻璃作为新材料的重要部分，加大支持力度。目前全球高端石英玻璃市场（半导体、光通信等应用为主的电子级石英玻璃等）主要集中在美国迈图、德国贺利氏、日本东曹、德国昆希和科维亚（美国尤尼明）等少数几家企业，我国则主要以菲利华和石英股份两家企业为主。石英市场是典型的垄断市场，全球 CR5 约为 70%。

国内外主要高端石英玻璃生产企业如表 A-4 所示。

表 A-4　国内外主要高端石英玻璃生产企业

企业名称	产　品	制备工艺	应用领域	竞争优势
美国迈图	光纤半导体石英管、石英棒、石英坩埚	电熔	半导体、光伏	高纯度熔融石英处于世界领先地位，生产效率高、产能大，性能稳定
德国贺利氏	石英玻璃、光纤领域优势明显	气熔、合成法	光纤、光通信、半导体	高端合成石英玻璃材料供应市场处于寡头垄断地位
日本东曹	不透明 OP 系列熔融石英玻璃	气熔、电熔、合成法	半导体（67%），光伏、太阳能	生产的 OP 级不透明熔融石英玻璃在业内被公认为是独一无二的
德国昆希	熔融厚壁石英筒（坯）、小直径和大直径石英管	等离子熔融	照明、半导体、光伏	全球唯一一家掌握等离子技术的企业

续表

企业名称	产品	制备工艺	应用领域	竞争优势
科维亚（美国尤尼明）	高纯石英玻璃原料	化学提纯	半导体、光通信、航空航天领域、太阳能领域等	凭借高纯石英砂提纯技术掌控全球 90%的石英砂市场
菲利华（中国）	石英玻璃制品、石英玻璃材料	气熔	半导体和航空航天领域（54%）、光通信、太阳能领域	全球少数几家具有石英纤维批量生产的制造商之一
石英股份（中国）	石英管、石英砂、石英坩埚	电熔	光源、光伏、光纤、半导体等	全球能批量化生产高纯石英砂的少数几家企业之一

（资料来源：赛迪材料所整理）

我国石英玻璃整体起步较晚，20 世纪 80 年代后才得以长足发展，但目前国内石英玻璃企业生产规模普遍较小，产品档次偏低，难以对快速发展的半导体、电子信息等领域形成有效支撑。我国也一直高度重视石英玻璃的发展，出台了一系列相关支持政策，并将其列为国家高新技术产业的重点支持对象。

国家支持石英玻璃产业发展的部分政策见表 A-5。

表 A-5　国家支持石英玻璃产业发展的部分政策

政 策 名 称	支 持 内 容
《重点新材料首批次应用示范指导目录（2019 版）》	光通信用石英玻璃制品、高品质紫外光学石英玻璃
《重点新材料首批次应用示范指导目录（2018 版）》	纳入了高纯石英砂等矿物功能材料，要求 Fe、Mn、Cr、Ni、Cu、Mg、Ca、Al、Na、Li、K、B 共 12 种元素总含量<6ppm
《产业关键共性技术发展指南（2017 年）》	优质石英矿产开发技术；高纯石英原料提纯技术；高纯石英原料粒度级配及形貌等与熔制工艺（电熔和气炼等）适应性技术；高性能石英玻璃用无氯化工原料综合利用技术；高性能石英玻璃快速沉积装备与沉积技术；高性能石英玻璃稳定化处理技术；高性能掺杂石英玻璃的制备技术
《建材工业发展规划（2016—2020）》	石英主要发展用于电子、光伏/光热、航空航天、国防军工等领域的高纯石英、熔融石英及制品，硅微粉功能填料等
《关于实施制造业升级改造重大工程包的通知》	重点发展结构功能一体化绿色建材，矿物功能材料，耐烧蚀绝热保温材料，精细陶瓷粉体及高性能陶瓷材料，高性能玻璃基板、石英玻璃、光纤预制棒等玻璃材料

（资料来源：赛迪材料所整理）

在国家政策的扶持下，我国石英玻璃产业取得了长足进步，但在半导体、微电子、航空航天等关键领域及战略领域所需的大量高端石英玻璃，大部分仍需要依赖进口。

3. 发展趋势

随着我国不断加大对半导体、电子信息等领域的发展步伐，对石英玻璃的需求量也日益增加。目前从需求看，石英玻璃需求量最大的领域是半导体和光通信领域，国内目前对光纤预制棒、石英把持棒等相对低端的产品供应问题不大，价格也相对较低，但对于一些高纯石英玻璃原料、高纯石英制品（如光掩膜基板等），与国际先进水平的差距依然较大。

从具体产品看，面对我国光通信、半导体等领域的发展需求，要进一步整合研发资源，研制新式大容量、高安全、高耐久存储器用石英玻璃材料及大尺寸高均匀合成石英玻璃，开发高品质、大尺寸石英玻璃制品、超低损耗光纤用大掺量掺氟石英玻璃。

（三）发电玻璃

1. 定义及分类

发电玻璃是指通过在玻璃表面镀膜发电材料，实现太阳能到电能的转换，将普通玻璃从绝缘体变成可导电的导体，进而变成可发电的建筑材料，同时具备了光电建筑一体化和光伏与建筑材料的特性。目前国内已经实现量产并且具有较大发展潜力的发电玻璃主要有两种，分别是铜铟镓硒（CIGS）薄膜发电玻璃和碲化镉（CdTe）薄膜发电玻璃。

铜铟镓硒（CIGS）薄膜发电玻璃具有光电转换效率较高、特性较好等优点，但成本偏高。碲化镉（CdTe）薄膜发电玻璃制作过程相对简单，光电转换效率较高且成本适宜，即便在弱光条件下也可以通过光电转换产生电能。

2. 发展现状

（1）铜铟镓硒（CIGS）薄膜发电玻璃。

铜铟镓硒（CIGS）薄膜发电玻璃是以玻璃为衬底材料生产的铜铟镓硒玻璃电池组件，产品优势较为明显：

一是太阳光利用率高，可吸收 400～1200 纳米波段的太阳光，在漫射光及日出日落时具有卓越的弱光发电性能。

二是性能稳定，温度系数低、衰减率低，条状电池设计实现最佳的阴影耐受性。

三是设计无镉、无铅，生产制备工艺绿色环保。

四是从玻璃到电池组件垂直整合保证产品质量，提高产品成本优势。

五是产品质量小于 17 千克，能承受最大雪载 551 千克/平方米，适用于高雪载地区。

六是颜色丰富、性能优异，是光伏建筑一体化（BIPV）的理想型太阳能电池。

美国、日本、德国在铜铟镓硒发电玻璃的研发方面一直处于世界领先地位，2001—2003 年，德国的 Würth Solar 和日本的 Showa Shell、Honda Soltec 等企业率先实现了玻璃基板衬底 CIGS 薄膜太阳能电池的产业化，并且逐渐向大尺寸方向发展，2019 年日本制造商 Solar Frontier 采用新工艺，生产的 CIGS 太阳能电池光电转化效率超过 23%，产业化技术逐渐成熟，发展前景较好。

世界 CIGS 薄膜玻璃基板太阳能电池主要生产企业见表 A-6。

表 A-6　世界 CIGS 薄膜玻璃基板太阳能电池主要生产企业

国　　别	企 业 名 称	生产工艺	简介及产能
日本	昭和壳牌石油公司（Showa Shell Sekiyu）	玻璃基板、溅射硒化法	旗下拥有全球最大的 CIS 薄膜太阳能电池生产子公司 Solar Frontier，拥有 4 座 CIS 薄膜太阳能电池工厂，年产能超过 1000 兆瓦
	Honda Seltec	玻璃基板、溅射硒化法	日本最大的 CIGS 太阳能模组厂商，为日本 Honda Motor 的全资子公司，2007 年开始商业化量产玻璃基板 CIGS 产品
德国	Würth Solar	玻璃基板、共蒸发法	2000 年试产，产品为玻璃基 CIS 太阳能光电模组
美国	Miasole	玻璃基板、溅射硒化法	被汉能收购，制备的商用大尺寸柔性铜铟镓硒（CIGS）薄膜太阳能组件采光面积光电转换效率达到 17.44%

（资料来源：赛迪材料所根据公开资料整理）

目前国内开展 CIGS 薄膜发电玻璃的企业较少，大多通过引进设备或与国外设备企业合作等形式加快产业化进程。其中汉能控股集团通过收购美、德两国企业，成为国内市场铜铟镓硒光伏电池的领军企业。山东孚日光伏科技有限公司通过与德国 Johanna 公司合作，引进商业化生产线，生产 CIGS 大面积生产组件。除引进与合资外，国内的相关研究科研院所也积极开展自主创新，2009 年天津滨海新区铜铟镓硒薄膜太阳能电池中试基地成功研制出光电转换效率为 7% 的 CIGS 玻璃衬底太阳能电池组件；中国建材凯盛科技集团通过引进、消化、吸收、再创新的方式，掌握了 CIGS 发电玻璃的核心技术，全线打通中国薄膜太阳能光伏产业链，并在蚌埠实现量产。

随着 CIGS 技术的不断成熟，在实践应用方面也有了一些进展，2018 年广东惠州碧桂园潼湖科技创新小镇是国内首座 CIGS-BIPV 示范项目，通过在不同的建筑立面安装 CIGS 光伏玻璃，实现建筑节能。

虽然 CIGS 发电玻璃具有较高的光电转换效率和低材料成本的优势，但同时也面临着制作工艺复杂、投资成本高、缓冲层 CdS 具有潜在的毒性等问题，制约了其产业的发展。

（2）碲化镉（CdTe）发电玻璃。

碲化镉（CdTe）发电玻璃是在玻璃表面涂抹一层碲化镉薄膜，具有了光电转换功能，实现了玻璃与半导体材料的有机结合。碲化镉发电玻璃具有弱光发电性好、温度系数低、制备工艺简单、成本较低、售后回收简易等多重优点，可以广泛应用于墙体、屋顶、路面等，被称为"挂在墙上的油田"。

早在 20 世纪 80 年代初期，国内外就开展了碲化镉薄膜太阳能电池的研发，并取得了一定进展。但将碲化镉薄膜涂抹在玻璃表面制成"发电玻璃"则是由成都中建材光电材料有限公司研制，并拥有自主知识产权，目前国内市场尚无其他同类产品。2017 年 8 月，全球尺寸最大（1.2 米 × 1.6 米）的碲化镉"发电玻璃"在该公司成功下线，此项技术的突破，标志着我国不仅掌握了全球领先的大面积碲化镉"发电玻璃"自主核心技术，而且也具有制定行业规则的话语权。

量产的碲化镉发电玻璃已经实现了多处应用，如九寨沟黄龙机场、2022 年冬奥会张家口赛区项目、凯盛石墨产业园、邯郸经开区工业园、双流机场 T2 航站楼人行通道、亚洲第一大碲化镉发电玻璃地面电站等。此外，2020 年 5 月初，碲化镉发电玻璃的首个海外项目索马里摩加迪沙国际机场项目的产品顺利发车，标志着碲化镉发电玻璃成功打开海外市场。

碲化镉发电玻璃实现了将平板玻璃和有色金属行业的结合，不仅有助于消耗产能过剩的平板玻璃，而且同时建立了一个新兴产业，一块普通的玻璃售价约为 80 元，做成"发电玻璃"后，一块售价高达 1000 元，一条 1 吉瓦的"发电玻璃"生产线约消耗价格 3 亿元的平板玻璃产品，实现销售收入约 40 亿元，资源经济价值较为可观。

但同时，碲化镉发电玻璃产业的发展也存在一些问题。

一是制备技术仍有待提升，目前国际发电玻璃的光电转换效率已经达到23%左右，但碲化镉发电玻璃的转换效率约17%，距离国际先进水平仍然存在一定的差距。

二是碲作为稀散金属矿产资源，主要伴生于铜矿、铅锌矿等硫化物矿床种，受制于矿石来源复杂，对"发电玻璃"的碲化镉原料处理也提出了更高的要求，同时碲的天然储藏量有限也将会制约碲化镉发电玻璃的长期可持续发展。

三是碲化镉发电玻璃从2018年实现量产至今，虽然在多地开展了示范应用，但产品性能和效果尚未真正得到市场的长期验证，产业尚未真正成熟。

3. 发展趋势

从铜铟镓硒发电玻璃来看，基于其优越的稳定性及较高的光电转换效率，被认为是发展潜力较大的薄膜太阳能电池材料，如有效降低其生产及投资成本是产业实现快速、规模化应用的重要前提，又如通过提高产品的优品率、降低材料的废弃率等方式。

从碲化镉发电玻璃来看，基于其优越的性能，未来市场空间较为广阔，且目前国内已经拥有了成熟的生产线，产能也在不断扩大，但未来仍要继续加强基础研发，不断提升光电转换效率，缩小与国际先进水平的差距，同时高度关注碲化镉玻璃的高效回收以及碲、镉等重金属元素的回收。

（四）低辐射（Low-E）玻璃

1. 定义及分类

低辐射（Low-E）玻璃是指在表面镀有一层低辐射膜的玻璃，与普通的浮法玻璃相比，Low-E玻璃对可见光具有较高的透过率，对红外线（尤其是中远红外）具有较高的反射率，在不影响透光性的前提下，能够有效阻隔室外的热辐射，提高玻璃的隔热效果，从而改善建筑节能效果，据测算，Low-E玻璃的节能效果相比普通玻璃约提高70%左右，是目前国内外公认的节能效果最好的窗用材料。

根据生产工艺的不同，Low-E玻璃可分为离线镀膜和在线镀膜两种。离线镀膜工艺是指利用专门的生产线，采用真空磁控溅射等方式，将辐射率较低的金属（如银）或金属化合物均匀地镀在玻璃表面。在线镀膜工艺则是在浮法玻璃生产过程中，在热的玻璃表面直接喷涂以锡盐为主要成分的化学溶液，在玻璃表面形成一层低辐射薄膜。在线镀膜工艺设备和工艺相对简单，产品的技术含量和生产成本偏低，但颜色单一，投射率反射率等参数不可调节。离线镀膜工艺生产成本偏高，但产品颜色、种类、厚度均较为多样，且具有较低的遮阳系数和传热系数。

在线镀膜与离线镀膜玻璃性能比较见表 A-7。

表 A-7 在线镀膜与离线镀膜玻璃性能比较

对比指标	在线镀膜玻璃	离线镀膜玻璃
镀膜类型	硬镀膜-具有良好的牢固性和稳定性	软镀膜-普通产品必须做成中空玻璃使用
生产线特点	必须有高质量的浮法生产线，生产技术要求较高	厚度、颜色变化快，开发新产品较为容易
单片保质期	可以像普通浮法玻璃一般长期单片保存	一般必须在 24 小时内合成中空玻璃，可异地加工类型必须在 7 天内合成中空玻璃，否则容易氧化
深加工性能	可以轻松热弯、钢化，能够满足不同建筑设计风格	普通产品不易热弯、钢化，仅能合成中空玻璃使用
辐射率 e	0.3～0.16	国标要求<0.15

（资料来源：赛迪材料所根据公开资料整理）

从制造工艺看，离线镀膜工艺能够开发生产出更多品种、丰富多彩的高性能镀膜玻璃，尤其随着可异地加工离线镀膜玻璃的工艺出现，使得在线镀膜工艺越发不具备优势。近十年来，国外离线镀膜的年增长率远远高于在线镀膜，Low-E 玻璃市场已几乎全为离线可异地加工大板。

2. **发展现状**

欧美等国在 20 世纪 70 年代就逐步推广使用 Low-E 玻璃，并得到了较为广泛的应用，普及率一般超过 80%，其中德国推广应用效果最好，使用率达到 92%左右。但我国目前既有建筑的 Low-E 玻璃使用率尚不足 20%，与国外发达国家差距还较大。目前，我国建筑能耗约占全社会能耗的 1/3，建筑能耗水平约是欧洲的 4 倍，为降低建筑能耗，我国先后出台了相关建筑节能法规和实施办法，强制实行节能设计标准，加速了 Low-E 玻璃的普及应用。

国家促进 Low-E 玻璃发展的相关政策文件见表 A-8。

表 A-8　国家促进 Low-E 玻璃发展的相关政策文件

政策名称	发文时间	发文单位	主要内容
《新材料产业"十二五"发展规划》	2012.01	工业和信息化部	鼓励发展应用低辐射（Low-E）镀膜玻璃、涂膜玻璃等
《工业转型升级投资指南》	2012.01	工业和信息化部	平板玻璃设备：浮法玻璃技术提升，离线 Low-E 玻璃镀膜机组，在线 Low-E 玻璃镀膜设备
《关于印发节能减排"十二五"规划的通知》	2012.08	国务院	加快开发推广高效阻燃保温材料、低辐射节能玻璃等新型节能产品
《关于化解产能严重过剩矛盾的指导意见》	2013.10	国务院	在新建建筑和既有建筑改造中使用符合节能标准的门窗，鼓励采用低辐射中空玻璃
《关于促进建材工业稳增长调结构增效益的指导意见》	2016.05	国务院办公厅	发展高端玻璃，提高建筑节能标准，推广应用低辐射镀膜（Low-E）玻璃板材、真（中）空玻璃等
《建材工业发展规划（2016—2020）》	2016.09	工业和信息化部	推广双银及多银低辐射镀膜（Low-E）玻璃、安全真（中）空玻璃等节能门窗

（资料来源：赛迪材料所根据公开资料整理）

在政策与市场的拉动下，我国 Low-E 玻璃行业规模不断扩大。2019 年，我国共有 Low-E 玻璃生产线 130 余条，产能超过 4 亿平方米/年，主要生产企业为南玻、信义、耀皮等大型企业。其中，在线镀膜生产线占比约为 9%，主要分布在江苏、广东、河北、山东、上海等地，离线镀膜生产线占比约为 91%[①]。

从制造工艺来看，国内也以离线镀膜为主，在离线镀膜设备制造领域也涌现出一批企业，如北玻股份、上海子创等，但为了保证整个生产过程的稳定性，国产成套设备的核心组件仍然依靠进口，如溅射电源、电子泵等仍被国外少数公司垄断。

表 A-9 列出了离线镀膜核心组件国外供应商。

---

① 《2020—2024 年中国 Low-E 玻璃行业发展态势及发展前景预测报告》。

表 A-9　离线镀膜核心组件国外供应商

核 心 组 件	国外供应商
溅射电源	美国 AE、德国 Huttinger
旋转阴极	比利时 Bekaert
机械泵	德国 Leybold
分子泵	法国 Adixen、日本岛津
靶材	德国 Heraeus
气体流量计	美国 MKS
控制系统	美国 AB、德国 Siemens
在线检测	德国 Zeiss、德国 Nagy、奥博太

（资料来源：赛迪材料所根据公开资料整理）

　　近几年，我国 Low-E 玻璃产能、产量均得到快速增长，但目前我国 Low-E 玻璃的普及率仍然较低，推广应用过程中存在一些问题：一方面是成本偏高，相比普通中空玻璃，Low-E 中空玻璃的价格约高 25%，虽然使用 Low-E 中空玻璃具有较好的节能效果和社会效益，但是对于民用建筑的开发商和施工方来讲，从自身经济效率考虑采用价格相对较高的 Low-E 中空玻璃并不合适，不具备主动使用 Low-E 中空玻璃的积极性。另一方面相比国外发达国家节能标准，国内建筑节能标准对门窗性能要求偏低，大部分的断桥铝中空玻璃窗、普通双玻窗和双层窗均能达到要求。

3. 发展趋势

　　市场规模保持持续增长。目前我国 Low-E 玻璃普及率远远低于发达国家水平，尤其随着城镇化建设的不断推进，智慧城市建设水平不断提高，建筑节能标准不断提升，都将有效拉动 Low-E 玻璃的市场需求。制造成本逐渐下降。随着 Low-E 玻璃需求的不断增长，生产技术及设备水平不断提升，Low-E 玻璃的制造成本有望进一步降低，从而推动 Low-E 玻璃的推广应用。

　　对多功能的要求越来越高。随着市场对建筑节能的要求不断提升，对节能玻璃的多功能要求也越来越高，如在具备节能的基础上，发展自洁净、隐私安全、隔音防尘、智能光控等复合功能。

（五）微晶玻璃

1. 定义及应用领域

　　微晶玻璃又称玻璃陶瓷，通过向玻璃组分中添加晶核，通过控制晶化，得到的含有大量微晶相的一种多晶玻璃。微晶玻璃兼具玻璃与陶瓷的优点，具有机械强度高、热稳定性好、化学稳定性好、电绝缘性能好等多种优势，广泛应用于机械、建筑、电子电工、化学以及生物医学等领域。

微晶玻璃种类繁多，按照化学组分不同，可分为硅酸盐、铝硅酸盐、氟硅酸盐以及磷酸盐微晶玻璃；根据生产工艺不同，可分为烧结法、压延法、浇铸法及浮法微晶玻璃；根据制作过程不同，可分为光敏微晶玻璃和热敏微晶玻璃；根据原料不同，可分为技术微晶玻璃和矿渣微晶玻璃；按照外观不同，可分为透明微晶玻璃和不透明微晶玻璃等。

2. 发展现状

微晶玻璃最初于 1957 年由美国康宁公司发明，主要应用于航天火箭项目，该种材料能够有效抵抗调控环境中的温差骤变，随后日本、欧洲等国家不断加大在微晶玻璃领域的研发和应用，并发展成为全球微晶玻璃的技术强国。

目前德国肖特、康宁与圣戈班的合资公司法国欧凯和日本电气（NEC）等三家公司一直占据了全球微晶玻璃市场的主导地位，尤其是高端微晶玻璃市场一直被这三家公司垄断。

三大微晶玻璃巨头的基本情况见表 A-10。

表 A-10　三大微晶玻璃巨头的基本情况

公　司	基　本　情　况
德国肖特	一家在特种玻璃和微晶玻璃行业领先的跨国高科技集团公司，首创将微晶玻璃应用于厨房灶具行业
法国欧凯	向全球知名家电品牌商供应 4 个系列的微晶玻璃产品，2020 年全球累计销量超过 1.3 亿片
日本电气	世界第二大特种玻璃生产厂家，微晶玻璃生产开始于 1962 年

（资料来源：赛迪材料所根据公开资料整理）

我国微晶玻璃产业起步较晚，1998 年才正式进入工业化生产，已经发展成为全球最大的微晶玻璃制造基地，但只有少量出口到日本和欧洲地区，基本上以中低端产品为主。国内也涌现出一批生产企业，产能主要分布在东部沿海和华南地区，产业集中度就较高，其中康尔微晶玻璃、湖州大享、广东科迪和宜兴远东四家企业市场份额占比超过 90%。与欧、美、日等国相比，我国微晶玻璃产业仍存在较大差距，主要表现在产品成本高、品种偏少、柔性生产能力不足、高技术应用水平低、在线检测和过程控制技术相对落后等。

随着绿色发展理念的不断深入，微晶玻璃消纳工业固体废弃物的优势不断得到体现，随着微晶玻璃工艺的不断发展，几乎所有的工业固体废弃物都可以用来制备微晶玻璃，近年来，国内外学者在工业固废制备微晶玻璃方面开展了大量的研究工作，其中武汉理工大学在尾矿/废渣制备微晶玻璃、发光微晶玻璃技术表现出较强的研发实力，但仍处于实验室阶段，尚未实现大规模的应用，未来的研究将更加重视节约能源、降低生产成本等方面。

3. 发展趋势

通过专利分析，目前欧、美、日等国家和地区的微晶玻璃技术研发热点主要集中在医用牙科材料、基板材料、电子元件、烹饪用具材料、发光元件等多种领域，并依托优势企业不断开展技术创新，如美国康宁公司依托其在氟氧化物微晶玻璃、表面离子处理和增韧等技术优势，积极发展锂辉石微晶玻璃、热强化/化学强化玻璃等技术。我国的相关研究涉及领域略显单一，以高校研发为主体，主要是工业废渣/尾矿制备微晶玻璃等领域。

未来一定要发挥企业的创新主体地位，通过加强创新进一步提升企业的核心竞争力，努力培育具有国际竞争力的龙头企业，积极加强前瞻性专利布局，推动我国微晶玻璃产业的发展。从具体产品来看，大力发展超低膨胀微晶玻璃等与国际差距较大，难以满足我国高端制造领域现实需求的高端产品，前瞻性技术布局锂离子导电微晶玻璃（被视为无机固体电解质的有力候选材料之一）等前沿产品，尽快实现大规模产业化制备。

三、特种玻璃产业发展存在的问题

（一）创新能力不足，部分领域基础研究薄弱

相比国外发达国家，我国在特种玻璃领域起步较晚，基础研究整体较为薄弱，产品研发多以模仿、跟踪为主，自主创新能力有待提高。尤其在高端石英玻璃等领域，关键技术仍掌握在国外少数几家企业手中，我国主要依赖进口。其他如小型浮法制备技术、高光学均匀控制技术、表面改性技术等行业关键核心技术也都掌握在国外巨头的手中，严重制约了我国特种玻璃产业的发展。

（二）企业竞争力偏低

特种玻璃应用领域广泛，是战略性新兴产业发展必需的原材料，属于典

型的多品种、小批量产品，产品技术难度高、附加值高。但目前我国特种玻璃的相关生产企业在产品稳定性、产能、装备等方面与国外优势企业仍然差距较大，以玻璃基板企业为例，我国已经涌现出东旭集团、彩虹股份、中建材集团等一批优势企业，但与国外优势企业相比，仍存在良品率偏低、收缩率大、大尺寸难以量产等问题，国内玻璃基板市场仍然主要被美国康宁、日本旭硝子、日本电气硝子所占有。

（三）融资难问题依然突出

特种玻璃品种多，涌入了大批科技型中小企业，属于高技术、高资本投入的行业，融资难问题较为突出。以国内唯一一家碲化镉发电玻璃企业成都中光电材料有限公司为例，企业在发展过程中，经历几次资金断裂，但在银行都难以获得融资，对企业的持续创新带来一定压力。目前仍有很多特种玻璃企业尚处于发展初期，需要长期持续的研发资金投入，对资金的需求量较大，但受制于融资渠道窄、融资成本高，企业资金压力普遍较大，其中民营企业更为突出。

四、相关建议

（一）加强基础研究，提高自主创新能力

充分发挥现有产业政策、科研基金的引导作用，鼓励高等院校、科研院所、企业等加强对特种玻璃的基础研究。围绕电子信息、航空航天和新能源产业发展的需要，加强高技术特种玻璃的创新研发，如重点发展 10.5 代及更高世代玻璃基板、高强高铝硅触摸屏盖板玻璃、超薄触控玻璃基板（厚度≤0.7 毫米）、高性能多功能镀膜玻璃、高品质特种光电功能玻璃及制品等生产工艺和技术装备水平。加强政产学研相结合，考虑建设国家级特种玻璃制造业创新中心，持续增强国内特种玻璃的自主研发实力，加快在绿色制备、大尺寸成形、表面改性、高光学均匀性等行业关键技术领域取得突破。

（二）加强对特种玻璃应用推广的政策支持

加大对特种玻璃企业的金融财税等政策支持，鼓励在特种玻璃领域组建多种形式的产业技术创新联盟和创新平台，为相关企业提供技术开发、标准研究、试验测试、开发设计等产业共性技术服务。在国家新能源、电子信息、

航空航天等特种玻璃下游应用领域发展战略中，加大对相关特种玻璃原材料的支持力度。在国家重大工程、政府工程、应用示范工程等领域，鼓励提高特种玻璃的应用普及率和国产化率，引导和扩大下游用户对特种玻璃的市场需求。

（三）打造优势特种玻璃产业集群

选择国内基础较好的特种玻璃集聚区，充分发挥国家先进制造业集群培育等政策引导、激励作用，推动特种玻璃项目、技术、资金、人才等资源向集群内集聚，形成区域特种玻璃特色产业发展的集聚效应。鼓励基础较好的省份集中相关资源加快集群建设，促进产业集聚和规模发展，同时强化集群的环保约束力度，防止盲目投资和低水平重复建设，组织推广节能降耗、绿色发展等共性技术。选择有特色主导产品、创新能力强、发展潜力大、产业特色鲜明的企业申报"隐形冠军"或"专精特新"企业，积极争取更多的政策资源。

（四）加强人才团队建设

鼓励有条件的高校与特种玻璃企业联合办学，培养应用型技术技能人才，加大特种玻璃专业师资队伍、教学实验室和实习实训基地建设。加大特种玻璃高层次人才引进和境外培训。支持企业开展人才培养和国际人才引进，相关支出可计入企业研发投入。重点特种玻璃产业集聚区要建立人才专项政策，制订人才培养和引进计划，促进人才集聚。

附录 B

我国新能源汽车材料发展研究①

一、新能源汽车发展情况

（一）新能源汽车的分类

依据《节能与新能源汽车产业发展规划（2012—2020 年）》，新能源汽车是指采用新型动力系统，完全或主要依靠新型能源驱动的汽车。目前，新能源汽车类型主要有纯电动汽车、插电式混合动力汽车、燃料电池汽车等。

纯电动汽车是指以车载电源为动力，用电机驱动车轮行驶，符合道路交通、安全法规各项要求的车辆。目前，纯电动汽车是新能源汽车的绝对主流，2021 年 1—3 月，新能源汽车产销分别完成 53.3 万辆和 51.5 万辆，其中纯电动汽车产销分别完成 45.5 万辆和 43.3 万辆，占比达到 85.4% 和 84.1%。

插电式混合动力汽车是介于电动车与燃油车两者之间的一种车，既有传统汽车的发动机、变速箱、传动系统、油路、油箱，也有电动车的电池、电机、控制电路。插电式混合动力汽车依据结构特点又可以分为串联式混合动力（又称增程式电动）、并联式混合动力、混联式混合动力。目前，插电式混合动力汽车在我新能源汽车中占比较少，2021 年 1—3 月，插电式混合动力汽车产销分别完成 7.8 万辆和 8.2 万辆，分别占新能源汽车产销的 14.6% 和 15.9%。

燃料电池汽车是一种用车载燃料电池装置产生的电力作为动力的汽车，以氢燃料电池汽车为代表。目前，受核心技术、零部件技术、基础设施建设、

---

① 撰写日期 2021 年 7 月。

标准法规建设、能源管理体系等制约，燃料电池汽车尚不具备大规模推广应用条件。2021 年，1—3 月燃料电池汽车产销分别完成 104 辆和 150 辆，分别占新能源汽车产销的 0.02%和 0.03%。

（二）新能源汽车的市场概况

关键材料部件革新突破。我国对新能源汽车大力支持推广，企业积极开展技术攻关突破，带动新能源汽车材料、部件、技术等革新。电池正极材料由 523 三元材料向 622、811 等高镍三元材料演变，生产工艺越加成熟，比容量增加；锂电铜箔轻薄化工艺不断提升，由 8 微米提升到 6 微米，4 微米，2020 年，诺德股份宣布已具备 4.5 微米、4 微米批量生产能力；锂离子电池制造工艺优化，比亚迪研发"刀片电池"工艺，产品在针刺试验中表现优异，安全性能大幅度提高，体积利用率提升超过 50%；宁德时代研发了 CTP 高集成动力电池开发平台，可有效地提高电池包的集成度以及能量密度，提升动力电池模组的生产效率和安全性；国轩高科研发了 JTM 集成技术，该工艺具有"成本低、制造过程简单、易形成标准化"的特点。

造成新势力蓬勃发展。随着国内新能源汽车产业快速发展，国内涌现了如蔚来、小鹏、威马、电咖、前途、零跑、云度、车和家、合众新能源、拜腾等许多新能源汽车整车企业，区别于传统车企，被称为造车新势力。2021 年，造车新势力销量快速增长，蔚来汽车 1—5 月交付 109 514 台，小鹏汽车交付 24 173 台，零跑汽车交付 17 408 台，哪吒汽车交付 15 966 台，5 月销量均实现 "井喷式"增长。此外，华为、腾讯、百度、阿里巴巴、滴滴和中兴等科技公司纷纷宣布涉足智能汽车业务，为新能源汽车发展注入新的动力。

基础设施建设快速推进。新能源汽车充电桩是新型基础设施建设七大领域之一。2021 年 5 月，国家发改委、国家能源局发布《关于进一步提升充换电基础设施服务保障能力的实施意见（征求意见稿）》，提出加快提升充换电基础设施服务保障能力，支撑新能源汽车产业发展，助力实现 2030 年前碳达峰、2060 年前碳中和的目标。截至 2020 年 9 月，全国累计建设的充电站达到 4.2 万座，换电站也达到了 525 座，各类充电桩达到了 142 万个。机构估算，预计到 2025 年全国充电桩数量将达到 1510 万个，到 2030 年将达到 4970 万个。

民众认可度不断提高。新能源汽车产销量快速增长。2020 年我国新能源汽车产量 145.6 万辆,同比增长 17.3%。据中国汽车工业协会统计,2021 年 1—3 月,新能源汽车产销分别完成 53.3 万辆和 51.5 万辆,同比分别增长 3.2 倍和 2.8 倍。其中纯电动汽车产销分别完成 45.5 万辆和 43.3 万辆,同比分别 增长 3.6 倍和 3.1 倍;插电式混合动力汽车产销分别完成 7.8 万辆和 18.2 万 辆,同比均增长 1.8 倍;燃料电池汽车产销分别完成 104 辆和 150 辆,同比 分别下降 43.2% 和 27.5%。

图 B-1 是我国新能源汽车产量及同比增速。

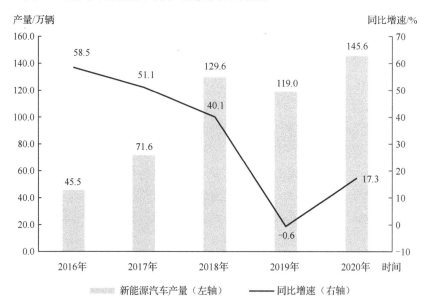

图 B-1 我国新能源汽车产量及同比增速

(数据来源:中国汽车工业协会,赛迪智库整理,2021 年 6 月)

(三)新能源汽车的发展趋势

新能源汽车进入快速发展期。

一是汽车尾气排放是大气污染的重要来源,受环保、能源约束,各国政 府提出禁售燃油汽车时间,大力推动新能源汽车发展。习近平总书记在第七 十五届联合国大会一般性辩论上向国际社会做出碳达峰、碳中和郑重承诺, 新能源汽车推广应用是减少碳排放的重要一环,新能源汽车发展重要性更为 凸显。《中国新能源汽车行业发展白皮书(2021 年)》预测 2025 年全球新能 源汽车的销量将达 1640.0 万辆,整体渗透率将超过 20%。

二是新能源汽车技术日趋成熟支撑产业快速发展。随着高能量密度电池材料突破，动力电池结构优化，快充技术研发应用，新能源汽车系统安全性能不断提高，整车制造成本快速下降，新能源汽车整体竞争力迅速提高。截至 2020 年 9 月末，全国累计建设的充电站达到 4.2 万座，换电站也达到了 525 座，各类充电桩达到了 142 万个，新能源汽车基础设施建设持续改进。

三是多路资本争相涌入新能源汽车赛道。2021 年，小米正式立项电动汽车项目，首期投资为 100 亿元；此前腾讯、百度、阿里巴巴、滴滴和中兴等科技公司纷纷宣布涉足智能汽车业务，准备投入巨额资金进军新能源赛车道。

新能源汽车轻量化发展是必然趋势。新能源汽车续航对汽车轻量化要求迫切。在新能源汽车发展过程中，续航问题一直是消费者关注的重要问题。要使每消耗度电量电动汽车行驶更远的距离，最主要的方法就是减轻汽车的重量，有研究表明纯电动汽车整车质量降低 10 千克，续驶里程可以增加 2.5 千米。《节能与新能源汽车技术路线图》中，轻量化作为七大技术路线之一被单独提出，并制定了车辆整备质量在 2020 年、2025 年、2030 年较 2015 年分别减重 10%、20%、35%的发展目标。

新能源汽车向智能移动终端演变。随着电动化、智能化、网联化的发展，新能源汽车未来与能源、交通、信息技术的融合会越来越充分，智能网联汽车快速发展。一方面，5G、物联网、大数据、人工智能等新一代信息技术快速发展，为智能网联汽车发展提供了技术基础。另一方面，智能驾驶技术快速发展。截至 2020 年 6 月底，百度、深圳易成、北京智行者、南京视莱尔分别积累了 300 余项、123 项、85 项和 82 项专利申请。2020 年 10 月，华为宣布推出智能汽车解决方案，包括全新的计算与通信架构、五大智能车载系统：智能座舱、智能驾驶、智能网联、智能电动、智能车云。

（四）新能源汽车对相关材料的性能要求

相较燃油汽车，新能源汽车主要新增了驱动电机材料、动力电池材料，同时对整车轻量化提出了更高的要求。驱动电机将电能转换为机械能，是决定新能源汽车性能指标的关键部位，要求材料具备高强度、高疲劳寿命、高矫顽力、高可靠性、高导热性等。动力电池作为新能源汽车的动力来源，电池安全性、循环性、耐高温性、能量密度等对新能源汽车使用影响巨大，要求材料具备良好的阻燃性、耐候性、化学稳定性、循环稳定性、能量密度等。

轻量化材料主要作为结构件、装饰件等部件的替代材料，以减少整车质量，要求材料具备高比强度、低密度、抗冲击性、良好的韧性、易加工性等。

二、新能源汽车材料发展概况

目前燃料电池汽车在新能源汽车中占比极少，下面主要分析纯电动及插电混动汽车材料。根据新能源汽车部件将所用材料分为动力电池材料、电机材料、底盘材料、车身材料等。

（一）动力电池材料

动力电池是新能源汽车的动力来源，目前主流产品为锂离子电池。受成本、续航里程、安全等因素影响，动力电池技术不断革新发展，目前的研究方向有固态电池、锂硫电池、锂空气电池、钠离子电池等。依据电池部件将材料分为正极材料、负极材料、电解液材料、隔膜材料及包装材料。

1. 正极材料

目前正极材料主要有三元材料、磷酸铁锂、钴酸锂、锰酸锂。据高工锂电统计，2020 年三元材料、磷酸铁锂、钴酸锂、锰酸锂市场占比分别为 46%、25%、16%、13%。受续航里程和能量密度影响，高镍三元材料需求仍在增加。同时，CTP、刀片、JTM 技术的开发实现，有效提高了磷酸铁锂电池续航能力，同时磷酸铁锂电池安全性能优越，磷酸铁锂正极材料需求快速上升。

从市场来看，2020 年我国正极材料出货量为 51 万吨，三元正极材料出货量为 23.6 万吨，主要供应商有容百科技、天津巴莫、长远锂科、当升科技、湖南杉杉、新乡天力、厦门钨业等，磷酸铁锂正极材料出货量为 12.4 万吨，主要供应商有德方纳米、湖南裕能、国轩高科、贝特瑞、湖北万润。钴酸锂正极材料出货量 8.2 万吨，主要供应商有厦门钨业、湖南杉杉、天津巴莫。锰酸锂出货量 6.6 万吨，主要供应商有博石高科/淮北天茂、新乡弘力、焦作伴侣（多氟多）、甘肃大象、湖南海利等。

2. 负极材料

负极材料主要有碳材料和非碳材料两类。碳材料有石墨、中间相炭微球、碳纤维、碳纳米管、石墨烯等，非碳材料主要有锂金属、氮化物、锡基材料、硅基材料、钛酸锂等。2020 年，人造石墨市场占比达到 84%，是负极材料的主流产品。目前，硅碳负极被认为是最具应用潜力的发展方向。

从市场看，2020 年负极材料出货 36.5 万吨。人造石墨出货量 30.7 万吨，主要供应商有贝特瑞、江西紫宸、杉杉科技、东莞凯金、翔丰华；天然石墨的供应商主要有贝特瑞、杉杉科技、东莞凯金、翔丰华、中科星城；硅碳负极材料出货量 0.9 万吨，主要供应商有贝特瑞、杉杉股份、硅宝科技等。

3. 电解液材料

动力电池电解液是离子传输的载体，由有机溶剂、电解质锂盐、添加剂等原料在一定条件下、按一定比例配制而成，目前电解质锂盐主要有 $LiBF_4$、$LiPF_6$、$LiAsF_6$，$LiPF_6$ 是最常用的锂盐材料。

从市场看，2020 年中国电解液市场出货 25 万吨。电解液的供应商有天赐材料、新宙邦、国泰华荣、东莞杉杉、比亚迪、法恩莱特、赛玮等。$LiPF_6$ 的供应商有多氟多、天赐材料、永太科技等。

4. 隔膜材料

动力电池隔膜位于正负极之间，将正负极活性物质分隔开。锂电池隔膜按材料可分为微孔聚烯烃隔膜、改性聚烯烃隔膜、聚酰亚胺锂电池隔膜、有机/无机复合隔膜、纳米纤维隔膜等；按制造工艺可分为干法、湿法、静电纺丝、熔喷法等。目前主流的技术路线是干法工艺和湿法工艺，2020 年，湿法隔膜占隔膜总出货量的 70%，干法隔膜占 30%。具有高孔隙率、高熔点、无污染性、优异的热稳定性和机械性能的隔膜是锂离子电池隔膜未来的发展方向。

从市场看，2020 年我国锂电隔膜出货量为 37.2 亿平方米。湿法隔膜出货量达到 26 亿平方米，供应商有恩捷股份、中材科技、星源材质等。干法隔膜出货量 11 亿平方米，供应商有星源材质、中兴、惠强等。

5. 包装材料

动力电池包装材料主要是电池包壳体，起到保护支撑电池包的作用，要求具有良好的耐振动强度、耐冲击强度、阻燃性等，主要材料有钢板、铝合金、玻纤增强复合材料、SMC 片状材料、碳纤维增强复合材料等。传统钢板材料密度高，随着汽车轻量化发展，新型铝合金、SMC 复合材料、玻纤及碳纤增强复合材料作为替代材料，市场占有量逐渐提高。

（二）电机材料

电机驱动系统主要由驱动电机和电机控制器两部分组成。新能源汽车常用的驱动电机主要包括直流电机、交流异步电机、永磁同步电机和开关磁阻电机。永磁同步电机具有功率密度高、质量轻、控制灵活等优点，在新能源汽车中市场份额占比达到 99%。电机主要供应商有比亚迪、宁波双休、特斯拉、日本电产、蔚然动力、大众汽车、博格华纳、法雷奥西门子等。

电机的主要上游材料有硅钢、绕组线、永磁材料、钢材、铝材等。

1. 硅钢材料

无取向硅钢片是驱动电机中的关键材料，要求具有高磁感、高强度、高疲劳寿命、良好的抗冲击性等。含有 0.5%～4.5% 的硅，同时还加入一定的 Al 元素提高磁性能。日本的无取向硅钢片生产技术已经成熟，相关产品主要依靠进口。国内正在奋力追赶，2015 年武钢电动汽车用无取向硅钢新产品在武钢股份三硅钢首次通板成功。

2. 绕组线材料

绕组线主要是铜漆包线，要求具备良好的电性能、耐热性、机械性能等。依据绝缘层材料不同可以分为聚酯亚胺/聚酰胺酰亚胺复合漆包线、聚酰亚胺漆包线等，主要供应商有苏州巨峰、江苏大通、精达里亚、上海裕生、山东赛特、ESSEX、日立金属等。

3. 永磁材料

根据成分不同，永磁材料可分为铁氧体永磁材料、铝镍钴合金、钐钴稀土永磁、钕铁硼永磁材料等。钕铁硼永磁材料性能优越，在新能源汽车领域市场需求不断增长。据测算，每台稀土永磁同步电机需使用烧结钕铁硼磁体 5 千克。据稀土行业协会统计，2019 年我国稀土磁性材料产量达到 18.03 万吨。其中，烧结钕铁硼毛坯产量 17 万吨，黏结钕铁硼产量 7900 吨，钐钴磁体产量 2400 吨。永磁材料的主要供应商有中科三环、正海磁材、宁波韵升、英洛华、金力永磁等。

（三）底盘材料

汽车底盘是整车关键的支撑部件，与汽车的安全性密切相关，对材料的强度、柔韧性、抗疲劳性、抗损坏性等要求严苛。同时底盘质量占汽车总质量的 20%，随着汽车轻量化发展，轻质高强材料在底盘上的运用会越来越多。主要部件有轮毂、转向节、控制臂、副车架等。

1. 轮毂材料

轮毂材料主要有钢材、铝合金、镁合金、复合材料等。钢轮毂可分为碳素钢、球墨铸铁、其他钢材等，钢轮毂成本较低，密度大，多应用于低端车型。铝合金轮毂具有密度小、散热性能好、精度高、抗震性能优越、美观等优点，已成为汽车制造的主流产品。镁合金密度更小，同时拥有良好的机械性能，具有操控性好、安全性高等优点，是优秀的轮毂轻量化替代材料，目前受成品率和成本因素制约，应用较少。碳纤维复合材料减振、抗噪声、抗疲劳性能好，成本高，目前在少量高端车型用有应用。

从市场来看，2018年我国铝轮毂产量为2.16亿只，除供应国内汽车生产外，近一半出口到欧、美、日等80多个国家和地区。国内主要的供应商有中信戴卡股份有限公司、万丰奥威汽轮股份有限公司、立中车轮集团有限公司、浙江今飞凯达轮毂股份有限公司、正兴车轮集团有限公司、中南铝合金车轮有限公司等。

2. 转向节材料

转向节（羊角）是汽车转向桥中的重要零件，连接车轮、减震系统、传动系统、转向系统等部件，在汽车行驶状态下承受多种复杂工况载荷作用，对材料有较高的强度要求。转向节使用材料有球墨铸铁、锻钢、铝合金等。铸铁、锻钢材质转向节密度高，质量大，正逐渐被铸铝转向节替代。据统计，2017年国内市场配有铝合金转向节的乘用车约为615万辆，市场总份额26%左右。新能源汽车中，比亚迪秦、比亚迪唐、蔚来、宝马5系插电混动等均采用铝合金转向节，铝合金转向节市场占用率在不断提高。铝合金转向节供应商有伯特利、上海汇众、拓普集团、苏州安路特等。

3. 控制臂材料

控制臂连接转向节与副车架。控制臂材料主要有铸铁、铸钢、冲压钢板、铝合金、镁合金等。早期控制臂主要采利用钢铁结构，采用铝合金材料后可在原有基础上减重40%，提高汽车操作性。铝合金最初在豪华品牌上应用，随着轻量化的深入，在普通车型上渗透率不断提高。国内控制臂主要供应商有拓普集团、苏州安路特、骆氏集团、六丰金属、旭升股份等。

4. 副车架材料

汽车的副车架是车桥、车轴和差速器等悬架构件的支架，副车架的配置对车辆舒适性、底盘强度和操控性有重要影响。副车架材料主要有冲压钢板、铝合金等。受成本、设计及工艺壁垒制约，铝合金副车架市场渗透率提升较慢。铝合金副车架生产工艺有高压真空一体式铸造工艺、铸件型材焊接工艺、其他一体式铸造工艺等。国内主要铝合金副车架供应商有上海皮尔博格、苏州安路特、万安科技、拓普集团、旭升股份。

（四）车身材料

车身是供驾驶员操作和容纳乘客、货物的场所，包括前、后保险杠，车身壳体，仪表盘，门内板等。车身是整车中质量占比最大的部件，轻量化潜力巨大。

1. 前、后保险杠

保险杠材料有玻璃钢、碳素纤维、塑料等。目前，汽车保险杠材料以改性塑料为主，主要材料有改性 PP、TPO（2,4,6-三甲基苯甲酰基-二苯基氧化），PP/Glass Fiber（玻璃纤维增强聚丙烯材料），PBT（聚对苯二甲酸丁二醇酯），PBT 复合材料等。目前保险杠用量最大的材料依然是 PP+EPDM-T20，主要用来做保险杆的蒙皮及其附件，以及保险杠的系统附件。目前福特嘉年华、菲亚特菲翔、大众桑塔纳等车型的保险杠蒙皮都采用 PP 与 EPDM 的改性材料。国内保险杠主要供应商有金发科技、八菱科技、银宝山新、合力科技等。

2. 车身壳体

车身壳体材料主要有钢板、碳纤维、铝合金、强化塑料等。目前车身使用最多的材料是普通低碳钢板，这种材料具有良好的塑性加工性能，具有一定的强度和刚度。为满足汽车轻量化要求，钢企推出了高强度钢板，通过提升钢板抗拉强度，减薄厚度，减轻整体质量。近年来，部分汽车上开始使用铝合金车身，北汽 EX 微型纯电动汽车采用全铝车身设计，广西源正新能源汽车有限公司在公交客车上采用了全铝车身，铝合金密度约为钢的三分之一，同时成本也要高于钢，综合来看，仍是最佳的轻量化材料。碳纤维复合材料车身成本远高于铝合金及高强度钢，往往用到高档汽车或赛车等对汽车质量有特殊要求的领域。车身用钢的供应商主要有宝钢、马钢、富钛金属科技、莱州亚通金属制品等。

3. 仪表盘

汽车仪表盘是汽车上的重要功能件，是一种薄壁、大体积、上面开有许多安装仪表用孔和洞的形状复杂零部件。仪表盘的主要材料是改性塑料，有 ABS 塑料、改性 PP 等。改性 PP 的主要成分是聚丙烯、橡胶增韧剂和矿物填充剂，材料价格低，综合性能好，是汽车仪表盘的主流用材。截至 2020 年 12 月，国内 PP 产能为 2882 万吨/年，2020 年，我国 PP 产量累计 2581.59 万吨，PP 供应商有龙油化工、古雷石化、东华能源、金能科技等；车用改性塑料主要供应商有金发科技、普利特公司、Ticona、Basell、SABIC、Borealis 等。

4. 门内板

汽车门内板由骨架、发泡材料和表皮革构成。目前比较常用的制造门内板的改性塑料是 ABS、PP，用它们制作成骨架，并且表面带有一层缓冲层，缓冲层采用 PP 发泡、TPU、针织涤纶等。2019 年，包括门内板在内的汽车内饰改性塑料需求量为 187 万吨，单车用量达到 145 千克。

三、我国新能源汽车材料发展中存在的问题

（一）研发力量相对分散

统观新能源汽车产业研发力量组织和整合，存在资源力量分散，研究系统性不足等问题，造成许多共性技术重复研究和人力、物力、财力的浪费，而重大关键技术则难以集中力量攻关突破。2016 年，工信部批准成立国家动力电池创新中心，在综合科研院所、高校、企业研发力量，协同创新方面做了一定的有益探索，但相对于新能源汽车多种关键材料研发和技术突破仍显不足。同时，发改委、工信部、科技部在基础研究、应用研究等领域均设立研发中心或项目基金支持，部分功能定位重叠，需要统筹协调。以固态锂电池为例，固态锂电池是下一代动力电池的有力候选者，我国高校、科研机构、企业都进行了前瞻布局研发。国内机构独立选择固态锂电池发展路线，目前产业研究多技术路线并存，统筹协调不足，研究力量、资源相对分散。

（二）标准体系仍需完善

新能源汽车标准包括有试验方法、技术条件、通用基础性、安全性、互换性、整车、电机及控制系统、蓄电池、充电系统、电气接口标准等，目前国内初步已经建立起新能源汽车标准体系，现行有效标准 122 项，其中电动车辆 82 项，充电基础设施 40 项。但是，整个新能源汽车标准仍需不断完善和细化、更新，尤其是关键材料在制造工艺、生产环境、安全测试、运输储存、回收利用等方面的标准化，以匹配快速发展的新能源汽车产业，规范产品质量，降低制造成本。

（三）关键技术受制于人

我国新能源汽车经过近十年的发展，取得了巨大成就，在关键材料、关

键部件、关键技术上都有了重大突破。但在部分关键材料方面，我国仍存在关键技术受制于人，高端产品依赖进口的问题。车用高端聚烯烃材料、高性能纤维、特殊钢、高性能铝合金、高端非金属材料等关键材料存在技术空白问题，需要大量依赖进口。以高端铝合金为例，铝合金是汽车轻量化的关键材料，我国相关技术相对薄弱，铝合金车身板主要依靠日本、德国、美国等国家进口，技术掌握在美国铝业、诺贝丽斯、肯联铝业、神户钢铁、古河斯凯等国际企业手中。

四、几点建议

（一）强化顶层设计，健全产业创新体系

一是建立新能源汽车材料协同创新联盟，联合关键材料企业、核心零部件企业、整车制造企业、设计企业、车联网模块供应商、科研院所、高校等，强化产业链上下游协同创新，材料企业根据市场需求、设计需要，深入介入汽车研发迭代进程，实现快速响应、实质响应、超预期响应。整体评估新能源汽车关键材料共性核心技术，制定关键材料技术创新全景图，作为政府、协会、联盟统筹组织研究力量，实施联合攻关突破的重要依据。

二是加强国家创新资源管理和顶层设计，加强部际联动，明确创新平台功能定位，建立新能源汽车关键材料基础研发清单、应用创新清单。

三是强化新能源汽车创新资源共享。依托新材料产业资源共享平台，整合共享新能源汽车关键材料相关人才、仪器、报告、标准、成果、会展、专利等，建设新能源汽车产业关键材料特色专题，强化资源融合和深度挖掘，支撑新能源汽车产业快速发展。

（二）加快标准建设，增强国际影响力

一是紧跟产业发展步伐，加快标准的制定与修订。发挥全国汽车标准化技术委员会电动车辆分技术委员会在标准制定修订中的关键作用，依托关键材料企业，加强加快材料制备、工艺、规格、检测、储存、回收等标准体系建设完善工作，在部分领域鼓励以企业标准、团体标准的方式优先展开研究。

二是推进优势标准国际化。加强国际合作与交流，发挥我国在动力电池及新能源汽车的市场优势，鼓励企业积极参加国际标准化工作，推动优质标准国际化，为全球新能源汽车产业标准建设贡献自己的力量和智慧。

（三）突破核心技术，推进科技成果落地

一是强化关键材料研发突破。支持国家重点研发计划、地方重点科技项目、创新项目向关键正负极材料、固态电解质、高强轻质铝镁合金、高强度钢、高性能车用改性塑料等新能源汽车关键材料倾斜引导。

二是鼓励各类研发机构、尖端人才加强国际技术交流，通过建立海外研究所、项目合作开发等方式同美国、日本、欧洲等国家和地区开展国际研发合作，鼓励企业、机构作为合作伙伴积极参与"欧洲地平线"等技术研发合作项目，加强引进关键领域领军人才。

三是推进科技成果转化。建立新能源汽车技术成果综合服务平台，实现技术成果成熟度评价、在线交易、供需匹配、中试转化等。

原材料工业碳中和实施路径研究[①]

为应对气候变暖对地球环境造成的不可逆伤害，世界各主要经济体采取不同的碳中和路径。我国碳中和的时间紧、困难多，工业排放占比高，结构偏重，减碳面临巨大压力。原材料产业是工业碳排放的主要来源，赛迪研究院材料工业研究所认为，实现原材料产业碳中和的路径主要为工业原料低碳、工业过程降碳、工业排放脱碳、用能结构除碳，最终实现企业账户无碳。

一、碳中和的理解和目标

碳排放带来全球气候变暖，对生态环境造成不可逆的破坏。2020 年，全球二氧化碳排放总量为 341.7 亿吨（其中，中国、美国、欧盟、印度、俄罗斯、日本分别排放 98、50、33、25、15 和 11 亿吨，合计占比 68%），大气中的二氧化碳浓度由工业化前的 280ppm 上涨到 415ppm，平均气温升高了 1.2℃，并且上升趋势尚未停止。全球变暖导致两极海冰减少、永久冻土层融化、海平面上升、未知病毒侵入、生物多样性破坏、极端天气频发，世界各地天气模式的破坏又进一步加速全球变暖进程，造成恶性循环，全球变暖问题亟待解决。

世界主要经济体的碳中和路径不同，碳贸易壁垒风险陡增。《巴黎协定》提出将升温控制在 2℃以内，并努力控制在 1.5℃以内，世界各主要经济体分别制订了碳排放计划。由于欧盟、美国、日本较早进入工业社会，因此分别于 1979 年、2007 年和 2008 年实现碳达峰，并全部计划在 2050 年前实现碳

[①] 撰写日期 2021 年 10 月。

中和。值得关注的是，2021 年 3 月 10 日欧盟议会通过"碳边界调节税"（CBAM，Carbon Border Adjustment Mechanisms，简称"碳关税"）议案，决定自 2023 年起，对不符合欧盟排放标准的产品进入欧洲市场时征收额外交税。随后美国白宫出台文件，讨论对进口货物实施碳关税的可行性。同时，日本政府宣布已经开始探索美欧日三方协调行动的可能性。英国首相约翰逊认为，七国集团应该联合打造碳关税联盟，以保护气候并推动成员国制造业的发展。欧盟、美国等经济体此举可能筑起新的贸易壁垒，不仅违背全球自由贸易的理念，也会形成碳中和的挤出效应，使发展中国家在国际贸易中处于劣势，打乱既定的碳中和战略，错过战略机遇期。

我国碳中和战略窗口期短，经济转型升级面临四重挑战。从实现碳达峰到完成碳中和，欧盟需要 70 年、美国需要 45 年，而我国只有 30 年时间，战略窗口期最短。我国仍是发展中国家，经济转型升级面临多重挑战，一是仍处于工业化和城镇化进程中，经济发展和民生改善、防止返贫、污染治理的任务偏重；二是能源结构偏煤、产业结构偏重；三是碳捕捉技术不成熟，碳交易市场尚未完全建立；四是社会整体对碳达峰和碳中和缺乏共识，认为碳排放控制是国际事务、外交事务，一定程度上出现外热内冷、上热下冷的现象。

我国工业碳排放比例明显高于世界平均水平，原材料工业碳中和压力凸显。全球碳排放主要来自电力/热力生产业、交通运输业、制造业与建筑业，分别占比 42%、25%、18%。2019 年，我国制造业二氧化碳排放占比 38.9%，高出国际平均水平 13 个百分点。原材料工业占制造业碳排放总量的 67% 以上，原材料工业低碳转型对实现我国的碳达峰、碳中和目标至关重要。

二、原材料工业碳排放特点

碳排放相对分散，能源、原料和工业过程排放比例接近。我国原材料工业碳排放主要集中于水泥、钢铁、合成氨和乙烯产业，四大行业二氧化碳排放占原材料工业的 68% 以上。四大行业二氧化碳排放的 45% 的来自原料（例如，钢铁生产所用的煤和铁矿石的开采、煤炼焦等）；35% 来自高温加热的燃料燃烧；20% 为工业过程消耗（低温供热和其他工业用途排放占比 13%，机械驱动排放占比为 7%）。

图 C-1 是原材料工业碳排放占比。

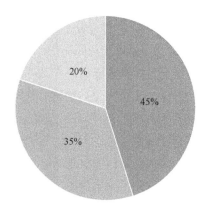

■ 工业原料   ■ 工业用能源（高温加热的燃料）   ■ 工业过程（机械驱动、中间产品等）

图 C-1   原材料工业碳排放占比

（数据来源：麦肯锡咨询公司，2021 年 10 月）

原材料工业结构偏重，减碳、除碳难度巨大。

一是工业原料和工业用能源的降碳需要改变工艺流程和工艺方式。但原材料的生产工艺耦合程度高，工艺过程的某一部分改造，必须进行全流程工艺设备配套升级，成本巨大。

二是生产设施的使用寿命通常超过 50 年（定期维护），但目前我国钢铁、化工企业主要装备平均服役时间不足 20 年，现有装备重建或改造的成本难以估量。

三是大部分原材料在全球范围内交易，价格敏感度高，碳排放成本增加，产品竞争能力会明显下降，造成企业生存面临困难。

三、原材料工业碳中和的实施路径

（一）工业原料低碳

一方面，工业原料深度脱碳，例如，钢铁行业替代焦炭做还原剂的氢能冶炼、电解还原冶炼、氧气高炉冶炼等；另一方面，扩大再生资源在工业原料中的占比，有效减少初次生产过程中的碳排放，打造循环经济产业链。我国金属产业再生产品占比仅为 20%～30%，远低于美国（60% 以上）和欧盟（50% 以上）。生产 1 吨再生水泥、再生铜、再生铝和再生钢，碳排放可分别降低 30%、73%、80% 和 82% 以上。我国原材料工业的再生资源占比到 2025 年、2030 年和 2060 年有望分别提升到 35%、55% 和 75% 左右水平，逐渐实现产业链闭环。

（二）工业过程降碳

一是提高工业过程电气化率。我国工业行业电气化率仅为 26%（大量工业生产使用燃煤锅炉），通过锅炉改电炉等方式提高电气化率并使用绿电[①]，大幅度降低碳排放，到 2050 年提升到 60%左右。

二是推进制造过程智能化，建设智能工厂和数字化车间，实现智能降碳。例如，建立钢厂智能维检平台，利用大数据技术和智能算法技术，对设备状态趋势进行判断，保证设备最佳运营状态，避免设备低效运转造成碳排放增加。

三是提升工艺和装备水平，对新工艺研发和产业化过程进行低碳设计（工业产品全生命周期 80%的资源环境影响取决于设计研发阶段）；对现有装备按照已服役年限不同进行不同等级的降碳改造，存量高碳装备逐步有序退出，对新装备进行全流程降碳提升。从根本上改变我国原材料工业"强制造"与"弱管理""弱研发"的局面，提升工业创新能力，降低工业过程碳排放。

（三）工业排放脱碳

一是尽快突破低成本的碳捕捉、封存和利用工程化技术（CCS/CCUS），在钢铁、水泥、化工等高排放行业逐步实现碳捕捉和封存技术的普及，可将二氧化碳注入生产的油气藏区等，提高原油采收率。

二是以工业规模直接从空气中捕捉二氧化碳（DAC），并出售给没有实现碳中和的企业，或者直接用于生产苏打粉等产品，兼顾环保价值和经济效益。

（四）用能结构除碳

一是构建绿色能源供应体系，大力发展新能源，逐步降低化石能源占比（2020 年年末，我国非化石能源占一次能源消费比为 15%），到 2030 年和 2060 年新能源装机容量预计达到 26 亿千瓦和 76 亿千瓦，占一次能源消费比例分

---

① 绿电：指的是在生产电力的过程中，它的二氧化碳排放量为零或趋近于零，因相较于其他方式（如火力发电）所生产之电力，对于环境冲击影响较低。绿电的主要来源为太阳能、风力、生质能、地热等，中国主要以太阳能及风力为主。

别提升到 68%和 96%。

二是大力发展智慧电网、储能技术和氢能技术，尽快完成新能源智慧电网建设，彻底告别弃风、弃光、弃热时代。

三是鼓励企业用绿电替代火电，将火电铝转变为水电铝，火电硅转变为水电硅、风电硅和光电硅，构建以清洁、低碳为特征的能源消费体系。

（五）企业账户无碳

一是工业企业在环境交易所建立主体碳账户，以便科学界定并落实企业在绿色发展中的权责，保证到 2025 年上市公司披露信息中必须包括碳账户信息，到 2030 年所有规模以上工业企业碳账户全覆盖。

二是碳账户的基本构成要素包括生态资本价值、碳排放和其他污染物排放、碳交易情况等，形成能够反映企业收益和成本的绿色发展账户。

三是企业应通过技术手段和贸易手段保持碳账户收支平衡，并为每批出厂产品标记碳排放标签，构建绿色产业链，增强我国在国际贸易中的竞争力。

四、策略建议

（一）构建国家级低碳制造体系

一是在国家绿色制造体系基础上建设国家低碳制造体系，引导工业企业向低碳、零碳排放的方向转型。

二是地方政府根据各自碳中和目标的进展情况和其他条件，给予低碳制造企业一定的政策倾斜和资金奖励。

三是国家积极制定企业的环境信息的确认、计量和报告政策，借鉴发达国家经验，要求工业企业对二氧化碳、有毒化学物质和环境污染物排放进行定期披露。

（二）建立国家层面的权威碳排放核算方法和完善的数据体系

一是建立我国和全球碳排放数据库并不断完善，以应对欧盟等经济体的碳关税政策，在碳关税机制下掌握话语权，为各部门准确计算产业链各环节的碳排放提供依据。

二是应从原料端和排放端两个维度建立整套工业碳排放标准，并力争成为国际标准，填补国际产业链碳排放统计方法与核算标准的空白，掌握全球碳经济话语权。

三是推行低碳贸易和绿色外交，谋求与欧盟、美国等碳治理先进经济体开展对话合作，进行双边或多边贸易，降低出口产品遭遇碳贸易壁垒的潜在风险。

（三）突破降碳技术的研发及产业化瓶颈

一是在《"十二五"国家碳捕集利用与封存科技发展专项规划》的基础上，设立深度脱碳关键技术（生物法、植物法、化学法）的国家科研重大专项，采取揭榜挂帅方式，鼓励科研院所、高效和企业参与，尽快攻克技术不稳定、产业化成本高的难题。

二是地方财政拿出专项资金对深度脱碳项目给予补贴，对捕捉、封存和利用的二氧化碳按照质量给予奖补。

三是借鉴基础设施领域的不动产投资信托基金（REITs）的形式，设立脱碳项目不动产投资信托基金，引入社会资本参与脱碳基础设施建设，降低企业投入强度，提高企业积极性，推动工业降碳。

（四）建立原材料工业企业全流程污染物及碳排放监测监控评价体系

一是以 5G 和工业互联网为载体，建立工业企业全流程碳排放监测监控评价体系，对各流程碳排放进行量化。

二是企业污染物及碳排放监测体系是国家碳排放监测网络的重要组成部分，体系的建成有助于碳排放数据的实时汇总和分析，科学指导地区、城市、行业和企业的节能降碳。

三是污染物及碳排放监测体系是企业碳账户数据的主要来源，为我国和全球碳排放数据库的建立提供重要依据。

（五）利用金融工具促进碳中和的实施

一是建立绿色金融体系，以市场化方式引导金融体系，为参与者提供碳中和所需要的投融资支持，满足碳中和所需的巨量资金需求。

二是金融机构与监管部门合作，参照现行金融业务规则，设立碳配额现货、衍生品及其他碳金融产品，围绕碳中和战略目标，撬动更多金融资源向绿色低碳产业倾斜。

三是完善碳交易市场机制，一方面不断修正碳定价，以满足投资者对低碳产业的投资动力；另一方面明确碳交易的配额总量设定、交易制度和市场监管等方面的规则，扩大减排主体的范围（由电力行业逐渐拓展到原材料行业等重点碳排放行业），并逐步将碳交易市场与传统金融市场对接，实现投资者的稳定价值回报。

四是扩大绿色金融国际合作，在与"一带一路"沿线国家签署《"一带一路"绿色投资原则》的基础上，扩大绿色金融国际合作范围，广泛与欧盟、美国的金融机构合作，运用绿色金融工具，采用绿色供应链管理，通过多方合作进行能力建设。

后　记

为全面、客观地反映 2021 年中国原材料工业发展状况，并对 2022 年原材料工业发展状况做出预测，在工业和信息化部原材料工业司的指导下，赛迪智库材料工业研究所编写了《2021—2022 年中国原材料工业发展蓝皮书》。

本书由乔标担任主编，肖劲松、马琳担任副主编，马琳负责统稿。各章节编写分工如下：曾昆负责第二、二十九章；马琳负责第一、六、三十章；王本力负责第一、五、三十章；李丹负责第一、七、三十章；商龚平负责第一、三、三十章；李茜负责第十七、十八、十九、二十、二十一章；车超负责第一、四、三十章；申胜飞负责第十二、十三、十四、十五、十六章；刘明、安文瀚负责第二十一、二十二、二十九章；王敏、周艳晶负责第八、九、十、十一、二十四、二十五、二十六、二十七、二十八章。

在本书的编写过程中得到了相关省份和行业协会领导、专家提供的资料素材，特别是得到了李拥军、高智等专家提出的宝贵修改意见和建议，在此表示衷心感谢。由于编者水平有限，本书难免有疏漏、错误之处，恳请读者批评指正。如借此能给相关行业管理机构、研究人员和专家学者带来些许借鉴，将不胜荣幸。

赛迪智库材料工业研究所

赛迪智库

面向政府·服务决策

奋力建设国家高端智库

诚信　　担当　　唯实　　创先

思想型智库　国家级平台　全科型团队
创新型机制　国际化品牌

《赛迪专报》《赛迪要报》《赛迪深度研究》《美国产业动态》

《赛迪前瞻》《赛迪译丛》《舆情快报》《国际智库热点追踪》

《产业政策与法规研究》《安全产业研究》《工业经济研究》《财经研究》

《信息化与软件产业研究》《电子信息研究》《网络安全研究》

《材料工业研究》《消费品工业研究》《工业和信息化研究》《科技与标准研究》

《节能与环保研究》《中小企业研究》《工信知识产权研究》

《先进制造业研究》《未来产业研究》《集成电路研究》

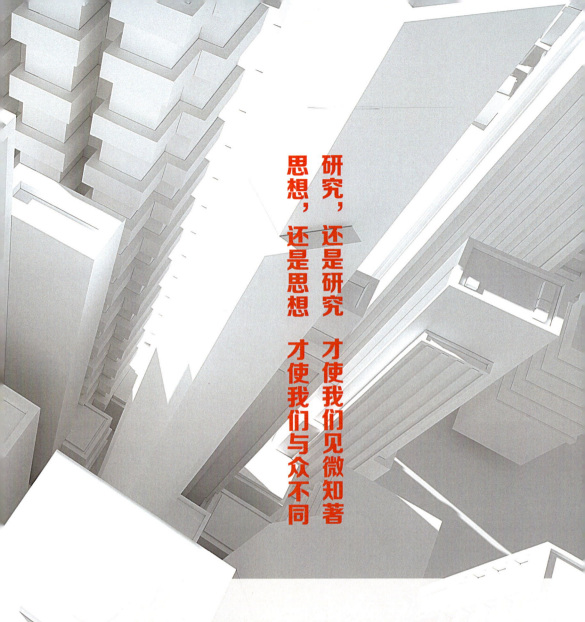

研究，还是研究
思想，还是思想
才使我们见微知著
才使我们与众不同

政策法规研究所　规划研究所　产业政策研究所（先进制造业研究中心）

科技与标准研究所　知识产权研究所　工业经济研究所　中小企业研究所

节能与环保研究所　安全产业研究所　材料工业研究所　消费品工业研究所　军民融合研究所

电子信息研究所　集成电路研究所　信息化与软件产业研究所　网络安全研究所

无线电管理研究所（未来产业研究中心）世界工业研究所（国际合作研究中心）

通讯地址：北京市海淀区万寿路27号院8号楼1201　邮政编码：100846

联系人：王　乐　　联系电话：010-68200552　13701083941

传　真：010-68209616　网址：http://www.ccidthinktank.com

电子邮件：wangle@ccidgroup.com